DU COMMERCE

DES

PEUPLES NEUTRES

EN

TEMS DE GUERRE.

Traité de M. LAMPREDI, Professeur de droit public en l'université de Pise.

Traduit par M. de SERIONNE, de l'Académie Royale de Florence & censeur-royal.

PREMIERE PARTIE.

LA HAYE.

Et se trouve à Bruxelles, chez DE LA HAYE & Compagnie, près la rue Rollebeek.

1793.

PRÉFACE.

Il n'y a pas dans le droit des gens, un sujet qui ait donné lieu à une auſſi grande diverſité d'opinions, ni ſur lequel les nations aient autant varié en différentes circonſtances, que le commerce des peuples neutres en tems de guerre.

Perſonne ne leur a conteſté le droit de commercer en général ou de vendre, même en tems de guerre, leurs productions naturelles ou artificielles : mais la véritable étendue de ce droit a toujours été & eſt encore aujourd'hui un ſujet de controverſes entre les maîtres de la juſtice publique & privée : la diſpute ſera interminable juſqu'à ce qu'on ait établi des principes d'une évidence inconteſtable qui ſervent de regles pour meſurer les droits des peuples & de ceux qui les gouvernent ; faute de cette bouſſole on a toujours erré à l'aventure : les doutes, les hézitations, les inquiétudes pour ſoi, les ſcrupules par rapport aux autres, ont fait adopter tour-à-tour des conventions contradictoires dont la baſe mobile cédoit alternativement au caprice de

*l'intérêt perſonnel où a l'empire des cir-
conſtances.*

*Ainſi au milieu de cette fluctuation, dans
cette diſette abſolue de principes, & grace
aux différens uſages, la matière que nous
traitons eſt devenue un labyrinte d'où l'on
ne peut eſpérer de ſortir qu'avec le ſecours
de la raiſon naturelle, ſeul guide que les
nations doivent conſulter.*

*La raiſon nous indique aſſez clairement
les ſentiers de la juſtice & de la vérité,
quand nous la conſultons ſans partialité,
ſans préjugé; nationaux ou ſcholaſtiques,
& lorſque nous arrivons à l'examen d'une
queſtion avec la tranquillité d'un philoſo-
phe, travaillant à réſoudre un problême
purement ſpéculatif.*

*Je me ſuis cru dans le cas. Sans inté-
rêt, ſans eſprit de parti, accoutumé dès
ma jeuneſſe à chercher ſimplement le vrai,
j'ai eſſayé, autant que mes forces & la
nature du ſujet me l'ont permis, d'établir
d'après le droit général & immuable des
nations, les principes fondamentaux qui
pourraient s'appliquer à toutes les queſtions que cette matière délicate fait naître
journellement. J'ai penſé que ces principes
pourroient ſervir de regle aux peuples qui
aiment ſincérement la juſtice, & déterminer leur conduite à l'égard des nations*

neutres & pacifiques, lorsqu'ils seroient obligé de s'armer contre les ennemis, & de récourir aux funestes extrémités de la guerre.

On sera peut-être surpris qu'un objet si important n'ait jamais été suffisamment éclairci par ceux qui ont écrit sur le droit des gens, & qu'il n'y ait encore aucune regle constante & généralement approuvée pour diriger sûrement les peuples neutres en tems de guerre, dans leurs opérations de paix, sans se voir exposés à tous les désastres de la guerre ; mais on reviendra bientôt de cette surprise, en considérant la versatilité des principes qui ont été adaptés à cette matière..

Alberic Gentilis, *Italien, fut le premier qui essaya d'introduire dans le tumulte des armes un système de justice. Il pensa que la nécessité seule pouvant justifier l'usage de la force & de la violence, il falloit que ce moyen rigoureux fut subordonné à quelques regles de raison sans lesquelles il deviendrait atroce, & il dicta cette maxime aux puissances belligérantes dans un ouvrage absolument neuf, sinon par le style, dumoins par le fond (a).*

____

(a) *Ce livre intitulé* de Jure Belli. *fut publié en 1588, environ quarante ans avant le célébre ouvrage* d'Ugon Grotius, de Jure belli & pacis.

On favoit bien avant lui que l'attaque & la défenfe impofoient aux hommes des obligations relatives à leur état de force, & que la nature au milieu des armes réclamoit fes droits éternels, mais perfonne encore n'avoit réduit ces droits en fyftéme & n'en avoit affigné les limites.

Cet auteur parle de notre queftion incidemment, & il en dit affez pour conclure qu'elle eft très-difficile à réfoudre : ,, il fem- ,, ble, dit-il, que le belligérant qui s'op- ,, pofe au commerce des neutres, & les ,, neutres qui s'offenfent de cet obftacle, ,, font également fondés en raifon".

Gentilis ouvrit la carriere, & traça pour ainfi dire la route au célèbre Grotius, *dont la maniere & l'érudition firent prefqu'oublier fon maître. Il fuivit néanmoins fon plan, & à fon exemple, il appuya fes décifions fur l'autorité des Grecs & des Latins, fur les ufages des peuples fameux, bien plus que fur la raifon univerfelle, unique bafe du droit général des nations. Il confulta les textes des traités, & par cette méthode il confondit le droit conventionnel de quelques pactes volontaires, avec le droit primitif & immuable. (a)*

(a) *Bayle remarque fur Gentilis que fon livre ne fut pas inutile à* Grotius.

Grotius reconnoit auſſi la difficulté (1) *de la queſtion. Il y voit des doutes inextricables.* ,, *Je n'ai pas trouvé, dit-il, dans* ,, *l'hiſtoire un ſeul trait qui put ſervir de* ,, *regle pour une convention générale ſur* ,, *cette matiere* ".

Cependant à l'endroit cité & ailleurs (2) *il a poſé quelques principes, & il a établi ſur le commerce des peuples neutres avec les belligérans des diſtinctions qui ont été plus ou moins adoptées par les auteurs ſubſéquens, ſans prévoir toutefois que ces principes & ces diſtinctions demandoient un examen ſérieux, & que faute de juſteſſe ou d'exactitude il pouvoit en réſulter de grandes erreurs.*

Ainſi Grotius dit que les neutres ne doivent rien faire qui tende à augmenter les forces d'une nation belligérante, & qu'à l'égard du commerce il faut diſtinguer les choſes directement utiles à la guerre, comme les armes dans toute l'étendue du terme, les choſes abſolument inutiles à l'armée, comme les meubles de pur agrément, & enfin les choſes également uſuelles en tems de paix & à la guerre, comme les vivres

---

(1) I. *De jure belli & pacis,* L. III. Cap. 1. §. 5.

(2) L. 3. C. 18, §. 3 N°. 1.

l'argent, les vaiffeaux & tout ce qui fert à leur conftruction. Selon lui on ne pouvoit fournir des armes aux ennemis fans manquer à la neutralité ; mais il prononce que le commerce des chofes de pur agrément doit être reglé par les circonftances, parce que s'il en réfulte un préjudice notable contre une des parties belligérantes, elle pourroit s'en emparer, & même les confifquer felon l'exigeance des cas.

Tous les auteurs ont écrit d'après ces regles qu'ils ont trouvées étendues, dévéloppées & quelquefois modifiées par les commentateurs de Grotius, & tous, comme je l'ai remarqué, s'y font plus ou moins conformés (1) ; mais il eft prouvé par le fait qu'elles manquent d'exactitude, & qu'elles ne portent fur aucun principe conftant, puifque les queftions relatives à ces objets fubfiftent toujours, & qu'on n'a trouvé jufqu'à préfent aucun moyen de conciliation entre les peuples en guerre & les neutres relativement au commerce. Alberic Gentilis, *s'il revenoit au monde, feroit fort aife de voir que deux fiècles de lumiere n'ont pas*

---

(1) Bynkershoeck. Quæft. jur. pub. L. 1. cap. 9, 10 & 14. Henr. Cocc, differt. de Jure belli in amicos. Idem de commiff. Joann. Gottliabb Heinnec. de navibus ob vectur. Merc. vetitarum. *Hibner. de la faifie des bâtimens neutres.*

Le confeiller Galiani *dans fon livre des devoirs des puiffances neutres envers les puiffances belligérantes.*

ſuffi pour obtenir la ſolution de ce problême
dont il avoit ſenti toute la difficulté.

Je préſumerois trop de mes forces, ſi je
me flattois d'atteindre le but auquel il me
ſemble que tant d'illuſtres écrivains n'ont
pû parvenir après de longues recherches.
Je ne prétends pas offrir autre choſe qu'un
ſimple eſſai, aux nations policées d'Europe.
Je dois avouer, qu'en remontant aux cau-
ſes qui ont jetté tant de confuſion dans cette
matière, j'ai pluſieurs fois été ſur le point
d'abandonner l'entrepriſe, à cauſe de l'embarras que j'éprouvois à concilier des principes dont la contradiction apparente ne
m'empêchoit pas de reconnoître la vérité
en les conſidérant ſéparément. Si je n'ai
pas le talent de convaincre mes lecteurs,
comme je me ſuis convaincu moi-même, je
réclame du moins leur indulgence en faveur de ma bonne volonté.

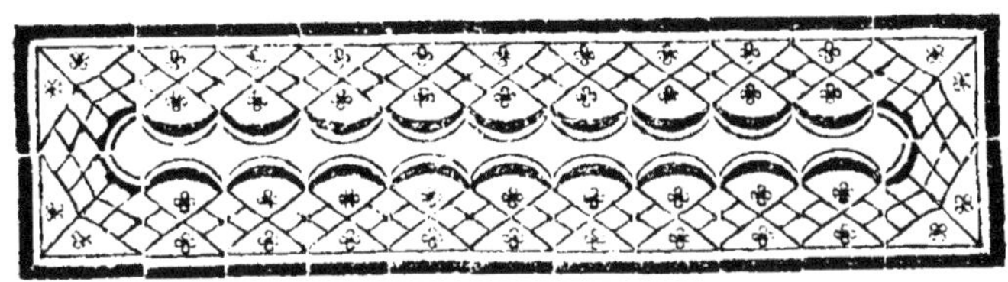

DU COMMERCE

DES
PEUPLES NEUTRES
EN
TEMS DE GUERRE.

I. *Du droit des nations relativement au commerce en général.*

ON doit confidérer les nations refpectivement comme autant de perfonnes qui vivent dans le fimple état de nature. Leurs droits & leurs obligations réciproques dérivent uniquement de la loi naturelle, ou de leurs conventions pofitives & volontaires.

En effet une aggrégation d'hommes qui par le moyen du pacte focial fort de l'état de nature pour devenir une nation, un peuple, une cité, fe dépouille à l'inftant d'une partie de fa liberté naturelle, & chaque individu en fait le facrifice à l'avantage commun de la fociété qu'il contracte. Mais quant au refte des hommes qui font étrangers à cette affociation, elle refte dans le même état, & elle ne leur doit rien de plus qu'avant le pacte focial, parce qu'elle ne leur a rien promis.

Ce que je dis du corps entier de la nation doit s'entendre également de chaque individu qui en fait partie. Nul n'ayant d'engagement qu'avec fes affociés, eux feuls peuvent reftreindre fa liberté fuivant la teneur du contract : les autres auxquels il n'a rien promis ne peuvent exiger de lui que ce qui eft prefcrit par la loi éternelle & immuable de la nature commune à tout le genre humain.

Le vœu de la nature ayant établi la propriété parmi les hommes, un des premiers devoirs que fa loi leur impofe, eft de fe communiquer réciproquement leurs biens & leurs travaux autant qu'ils peuvent le faire fans bleffer leurs obligations naturelles : car fans cette communication ils ne pourroient jamais atteindre la perfection dont ils font capables, & les vues de la nature ne feroient pas remplies. Cette preftation de fecours & de fervices ne fauroit être gratuite d'une part fans devenir onéreufe de l'autre, il faut donc admettre des rétributions proportionnées ; or cette loi importante de la nature s'accomplit avec une grande facilité dans le cours ordinaire de la vie par le moyen de l'échange qui troque tour à tour le fuperflu de l'un contre le fuperflu de l'autre, & qui pourvoit ainfi aux néceffités, aux commodités, aux agrémens & à toutes les jouiffances de la fociété.

L'échange étant la bafe du commerce, on voit d'abord que les hommes ou les nations en *général* ont le droit de l'éxercer. C'eft même un devoir qui leur eft impofé par les loix de la nature, puifque c'eft leur unique moyen de confervation & de perfectionnement. Je dis en *général*, parce que fi une nation était affez fortunée pour fe fuffire à elle-même avec fes productions naturelles & artificielles fans fortir de fon territoire, elle ne feroit pas obligée de faire le commerce au dehors ; car il eft clair que cette obligation n'eft pas abfolue, mais hypothétique, & relative aux befoins d'une nation qu'elle peut feule apprécier.

Mais hors ce cas, la loi de la nature reprend toute fon énergie. En m'ordonnant de conferver & d'améliorer ma vie autant qu'il eft en mon pouvoir, elle m'accorde auffi tous les droits effentiellement néceffaire à une telle fin. Or comme je n'ai d'autre moyen de pourvoir à mes befoins que l'échange de mon fuperflu contre celui des autres, c'eft-à-dire le commerce, il faut bien que j'aie le droit naturel de le faire.

Ainfi le droit au commerce en *général*, eft un droit naturel & parfait dont l'exercice ne peut être troublé par perfonne fans une injuftice manifefte.

Je dis encore ici en *généal*, & je vais établir l'exception. Quoique j'aie le droit d'échanger mon bien contre celui d'un autre, je n'ai pourtant pas le droit de faire cet échange avec tel ou tel particulier ; il faut que j'en trouve un qui accepte volontairement le marché, ou qui vienne de son plein gré le solliciter. Il est vrai, comme nous l'avons remarqué, qu'une nation est obligée de communiquer aux autres ses productions, autant qu'elle le peut sans se faire tort à elle - même : mais il est également vrai qu'elle est seule juge des inconvéniens en vertu de sa liberté naturelle, & qu'à elle seule appartient le droit exécutif de juger si l'échange proposé, si le commerce demandé peut lui devenir nuisible ou s'il est conforme aux vues de la nature, & au but de l'association.

Ce jugement, fut-il faux en apparence, doit être respecté par celui qui fait la demande. En user autrement, ce seroit violer la liberté des hommes & des nations, annéantir les effets de la propriété, & briser tous les liens de la société naturelle. (*a*)

(*a*) Dans une extrême disette il est arrivé quelque fois que des bâtimens trouvés au large, ou à l'ancre dans la rade ou sur les côtes, ou dans le port d'une nation amie, ont été arrêtés, & qu'on a forcé les patrons de vendre à juste prix leur cargaison de vivres. mais c'est une de ces circonstances rares ou l'empire de la nécessité suspend pour un moment la loi naturelle qui reprend ensuite sa première force. En effet les loix de la nature qui sont la mesure du juste & de l'injustie, entre les nations, ne sont que des regles générales destinées à produire dans l'usage ordinaire de la vie le plus grand bien possible. C'est sur leur exécution, sur leur maintien que reposent la sûreté, la

II. *En qui réside la faculté de limiter le droit des nations relativement au commerce.*

ON apperçoit d'abord qu'au souverain seul appartient le pouvoir de circonscire ce droit général des hommes, fondé sur la propriété, sur les besoins réels ou apparens de chaque individu. Le souverain dont la fonction suprême est de diriger vers le bien commun les actions de tous les citoyens, pourra défendre l'introduction ou l'exportation de quelques denrées ou marchandises, si leur commerce avantageux pour certains particuliers, paroît préjudiciable au plus grand nombre ; ni les citoyens ni les autres nations ne pourront récla-

---

conservation, & le bonheur du genre humain. Or, si dans quelque cas trés-rare, leur exécution scrupuleuse produisoit l'effet contraire, lorsqu'il faudroit opter, par exemple, entre l'inconvénient de causer à un petit nombre d'hommes un préjudice réparable, & le péril imminent d'exposer une multitude à des maux sans remede comme les horreurs de la famine & la mort, il est évident qu'il faudroit s'écarter de la regle générale, précisément parce que dans un tel cas l'infraction de la loi devient conforme à son esprit. Ainsi la même raison qui vous a convaincu de la nécessité d'une regle générale dans le cours ordinaire de la vie, vous démontre dans ce cas extraordinaire la nécessité momentanée d'une exception qui ne peut ni altérer ni affoiblir la regle.

mer avec juſtice contre cette prohibition , parce
que les uns ont promis de ſacrifier leur intérêt
privé à l'utilité publique , & parce que les autres
n'ont abſolument nu droit parfait qu'en ce qui
concerne l'offre ou la demande des marchandiſes , ſans pouvoir exiger à force ouverte qu'on
accepte leurs offres ou leurs demandes.

Or quand un ſouverain défend l'entrée & la
ſortie de quelques marchandiſes , il ne fait que
déclarer aux autres nations préalablement ,
qu'il n'eſt pas dans le cas d'accepter la vente
ou l'échange de telles marchandiſes étrangeres , ni de ſe priver des ſiennes ; & en cela il
uſe de ſes droits ſans faire injuſtice à perſonne. (*a*)

A l'exception de ce cas ſeulement la liherté
du commerce conſerve toute ſon étendue ori-
ginelle : aucun homme , aucun peuple ne pourroit y porter la plus legere atteinte ſans une
injuſtice manifeſte. En conſéquence de ce principe toutes les fois que quelques nations vou-
lant s'arroger un commerce excluſif dans quelques parages où ſur certaines côtes , en ont interdit la navigation & l'accès à d'autres peuples , ceux-ci n'ont vu dans cette prohibition
que la démence orgueilleuſe d'une prépondé-
rance momentanée , au lieu d'un acte réfléchi.

Perſonne

(*a*) Jean Heinecc. de navib. ob vectur. vetit. merc.
commiſſ. exercit. VIII. §. 4.

Ariſtoteles polit. l. 7. cap. 6.

Macquard de jure merc. l. 1. cap. 17.

Perfonne n'en a tenu compte : & ces nations
fi fières ont été obligées de fouffrir paifiblement la concurrence des autres peuples dans
les mêmes parages, & fur les mêmes côtes,
où le commerce a toujours eu lieu fous le bon
plaifir des maîtres du territoire.

Une nation libre peut néanmoins s'engager
à vendre à une autre, exclufivement, une ou
plufieurs fortes de marchandifes, fans que les
autres nations ayent le droit de s'en plaindre
ou de s'y oppofer, parce que chacun peut dif-
pofer de fon bien comme il lui plait. Cela n'em-
pêche pas ceux qui ont befoin des mêmes articles d'aller fe pourvoir ailleurs.

III. *Si la guerre entre deux nations al-*
tére le droit des neutres relativement au
commerce.

Iʟ eſt inconteſtablement reconnu qu'à l'exception du fouverain, perfonne au monde ne
peut, dans le cours ordinaire des chofes, empêcher une nation, ou les individus qui la compofent, de faire le commerce dans le fens que
nous avons défini jufqu'à préfent. Mais il s'eſt
élevé des doutes, & il s'en éleve fans ceffe
encore fur la queſtion de favoir, fi l'état de
guerre entre deux nations doit altérer ce droit
chez les peuples neutres, ou du moins le reftreindre à certains égards.

Ire. Partie.   B

Il fera difficile qu'à l'aide de la fimple raifon naturelle on trouve, dans le droit général
des nations, une ombre de motif, en faveur
de cette prétendue reftriction. En effet deux
nations fe provoquent juftement ou injuftement
à force ouverte : l'une des deux foutient, défend, ou révendique les armes à la main fes
prétendus droits. Cette crife ne change cer-
tainement rien à l'état des autres peuples paifibles qui ne prennent aucune part à la que-
relle. Cet événement funefte ne peut influer
fur leur liberté, fur leur indépendance naturelle, & puifque leur fituation refte la même,
ils confervent, fans altération, l'univerfalité de
leurs droits naturels, dont le commerce fait
partie.

Ils doivent donc continuer de faire le commerce en général, même avec les nations belligérantes. Ils doivent toujours les traiter
comme leurs amis, ou comme des perfonnes
morales, auxquelles ils ne ceffent pas d'être
attachés par les liens communs de la loi naturelle : quoi qu'il foit furvenu entre elles un
fujet de difcorde & d'hoftilités. Il peut en ré-
fulter pour elles une fufpenfion momentanée
du pouvoir des loix & du devoir de l'humanité :
mais cette fufpenfion ne peut avoir lieu dans
aucuns fens, à l'égard des autres peuples pacifiques. Spectateurs tranquilles & défintéreffés
de l'état violent des deux nations ennemies,
tandis qu'elles font aux prifes & qu'elles attendent du fort des armes la décifion de leurs
différens, ceux-ci continuent de faire avec

chacune d'elles indistinctement le même commerce qu'ils faisoient avant la guerre.

En effet, il n'y a point de guerre pour eux : les belligérans sont leurs amis ; ils leur rendent les mêmes services qu'aux autres peuples qui sont en pleine paix. Pourvu que leurs relations, pendant la guerre soient absolument impartiales, on ne peut sans injustice les troubler dans leur commerce quel qu'il soit. Mais le peuple pacifique dont les procédés annonceroient une préférence marquée en faveur d'une des nations belligérantes, se déclareroit fauteur & partisan de l'ennemi : or, quand il a promis tacitement ou formellement de rester neutre, il s'est engagé à ne prendre aucun parti.

Ainsi l'unique loi que les neutres soient tenus d'observer envers les peuples belligérans, est une impartialité parfaite dans toutes leurs relations, dans toutes les fonctions de leur commerce. C'est la seule restriction que puisse éprouver leur droit de liberté & d'indépendance naturelle. La faveur, la préférence qu'ils accordent pendant la paix à une nation sur une autre, par caprice ou par goût, doit s'évanouir aussi-tôt que ces deux nations deviennent ennemies, & se déclarent publiquement la guerre. Tel est le devoir du peuple ami, qui ne veut pas prendre de parti, & qui s'en tient à la neutralité. Il peut, quand la guerre est terminée, reprendre ses sentimens de prédilection pour la nation amie, sans que l'autre ait le droit de s'en plaindre.

Ce principe qui eſt le ſeul vrai & fondamental, n'eſt pas nouveau. Quelques écrivains (1) l'ont établi clairement : mais en coufondant, comme on le verra bientôt, une queſtion avec une autre, ils n'en ont pas tiré les conféquences propres à diſſiper la confuſion qui embarraſſe la matière.

Après avoir déterminé l'unique loi que les peuples neutres doivent obſerver en temps de guerre, il eſt inutile de demander quelles reſtrictions leur commerce doit ſouffrir en conféquence de leur neutralité. On peut répondre qu'il n'en doit ſouffrir aucune , & qu'ils continueront légitimement les mêmes opérations que pendant la paix, en ſe renfermant dans les bornes d'une impartialité parfaite. Il n'y aura donc aucune ſorte de marchandiſes qu'ils ne puiſſent vendre & porter aux belligérans. Il ne leur ſera pas défendu de frêter leurs navires ou toute autre eſpèce de voiture, pourvu que ſur la demande des mêmes ſecours, ils ayent autant qu'ils le pourront la même déférence pour les deux partis. (2) D'ailleurs, comme

---

(1) Bynkershoek. Queſt. jur. pub. lib. 1 , cap. 9 & 13.
Wolfins. juſ. gent. cap. 6 N. 683.

(2) Tite-Live rapporte un exemple ancien de cette équitté naturelle , l. 37 , chap. 28. Les Teïens avoient fourni des vivres à une flotte ennemie des Romains. Le prèteur Émile menaça de les traiter en ennemis s'ils ne fourniſſoient la même quantité de vivres à la flotte Romaine. Cette demande étoit juſte, ſi ce peuple pouvoit y accéder ſans ſe nuire à lui-même. .

ils doivent faire leur commerce avec autant de facilité que pendant la paix, il n'y aura aucune diſtinction de marchandiſe, d'argent monnoié, (1) d'armes, ni d'autres munitions de guerre. Le tranſport & la vente en ſeront permis dans les parages devenus le théâtre de la guerre, ſans manquer à la neutralité, pourvu que tous cela s'exécute d'une manière parfaitement indifférente & impartiale.

IV. *Du conflit entre les droits de peuples belligérans & ceux des peuples neutres, & des effets qui en réſultent.*

En rendant hommage au droit ſacré des peuples neutres relativement à leur commerce impartial, on eſt forcé de reconnoître auſſi des droits évidens eſſentiellement propres aux nations actuellement en guerre, qui ſemblent détruire la libre activité des neutres. Un ennemi a le droit parfait de diminuer à l'infini les forces de l'autre, & de lui ravir tous les moyens de les augmenter où même de les conſerver.

Il a donc auſſi le droit d'empêcher un commerce qui favoriſe l'attaque ou la défenſe, qui annulle l'effet d'une opération militaire, dont

---

(1) Je conſidere l'argent monnoyé comme toutes les autres marchandiſes qu'on peut acheter & vendre.

le fuccès auroit peut - être décidé la victoire,
ou forcé l'ennemi à demander la paix. (*a*)

Je fuis devant une place bloquée, affiégée,
ou inveftie. Ceux qui la défendent vont être
obligés de fe rendre faute de vivres, ou d'autres munitions de guerre. Dois - je permettre
que fous mes yeux, un vaiffeau marchand aille
pourvoir au befoin de mes ennemis, & m'en-
leve ainfi le fruit de ma dépenfe & de mes fa-
tigues, en prolongeant les horreurs & les pertes de la guerre ? N'aurai-je pas le droit d'employer la force pour me préferver d'un tort
peut-être irréparable , moi qui pour la néceffité de ma défenfe , ai le droit conftant de m'oppofer à tout ce qui peut fortifier mon ennemi ? Je conviens que le vaiffeau du peuple ami
a le droit naturel de vendre fa marchandife à
qui bon lui femble, mais de mon côté, n'ai-je
pas le droit naturel d'empêcher tout ce qui
nuit à ma défenfe néceffaire ? Dois-je par refpect pour la liberté du peuple ami, facrifier la
vie d'une multitude, & acheter la victoire avec
des flots de fang que j'aurais pu épargner fans
l'arrivée du vaiffeau neutre ? Je ne le ferai cer-
tainement pas ainfi que dans le cas d'une extrême néceffité dont je fuis le feul juge, il m'eft

____

(*a*) Tous les auteurs ont généralement reconnu cette
efpèce de conflit entre les droits des neutres, & ceux
du belligérant par rapport au commerce. Je me conten-
terai de citer *Alberic. Gent, de jure belli.*

Henric. Cocc. de jure belli in amicos §, 6.

Heinecc. de navib. ob victur. vetit. merc. commiffis
§. *15.*

permis d'attaquer la propriété d'un ami pour éviter un plus grand mal qui feroit irrépara ble, de même dans ce cas j'uferai de ma force fans égard pour l'indépendance des amis, & cette aggreffion déterminée par la loi impérieufe du malheur, ne peut-être imputée à l'envie de nuire, ni à l'abus de ma fupériorité.

On voit donc qu'il fe préfente deux queftions effentiellement différentes, & qu'on ne peut pas décider avec les mêmes principes. 1°. *Quels font les droits des peuples neutres, relativement au commerce avec les peuples en guerre?* 2°. *Quels font les droits des peuples en guerre, relativement au commerce des neutres avec leurs ennemis refpeɛtifs?*

En examinant ces deux queftions, on peut arriver à des conclufion diametralement oppofées, & cependant très-juftes :

Par exemple : 1°. *Il eft permis aux peuples neutres de porter à l'ennemi à titre de marchandife, toute forte de vivres & de munitions de guerre.* 2· *Il eft permis au belligérant d'empêcher que les neutres ne portent des vivres & des munitions de guerre à fon ennemi.* Ces deux queftions n'ont jamais été bien diftinguées, & il a réfulté de cet oubli beaucoup de confufion. Je ne fais que l'indiquer ici autant que l'exigent l'ordre & la clarté des idées, parce que j'aurai occafion d'en parler encore en examinant *fi le pavillon ami préferve les effets appartenans aux ennemis.*

Revenons au droit du belligérant relativement au commerce des peuples neutres. Il me semble qu'il est uniquement fondé sur la nécessité de la défense, & qu'il se réduit à empêcher dans certains cas que le vaisseau neutre ne porte des marchandises à l'ennemi, à prendre toutes les précautions nécessaires contre leur introduction actuelle ou ultérieure sur son territoire; & à arrêter aussi le bâtiment, en payant les frais occasionnés par le retard, (*a*) sans aller jusqu'à la confiscation qui n'est pas

---

(*a*) Je crois devoir rapporter ici un article du traité de commerce conclu le 10 Septembre 1775, entre Frédéric-le-Grand, Roi de Prusse & les états-unis de l'Amérique. Il mériteroit une place parmi les articles modérés des traités stipulés sur le plan de neutralité armée, proposée par l'immortelle Catherine II, Impératrice de toutes les Russies. Voici comme il est conçu. „ Pour „ éviter tous les embarras & recherches scrupuleuses „ qu'occasionnent les marchandises de contrebande, „ comme les munitions, les armes & autres munitions „ de guerre, quand il se trouve des articles de cette „ nature à bord des bâtimens appartenans aux sujets „ d'une partie & destinés à l'ennemi de l'autre, on „ ne doit regarder aucun de ces articles comme deffendu, ou de contrebande, & partant confiscable au „ préjudice des propriétaires. Mais néanmoins il sera „ permis de retenir ces bâtimens aussi long-tems que „ le preneur le jugera nécessaire pour sa sûreté, auquel cas il sera responsable de la perte occasionnée „ par ce retardement. Il sera également permis au preneur d'employer à son usage les munitions & ustencils de guerre trouvés à bord, en payant leur valeur „ entière au propriétaire de ces articles, selon le prix „ courant des lieux pour lesquels ils étoient destinés. ”
Berlinisch Moxatsschirift Heraufgeg, von J. Gedile und J. E. Biessler.

impérieufement commandée par la néceffité, feule bafe du droit dont il s'agit.

Mais il n'eft pas très-important d'approfondir ici les règles de juftice. On voit jufqu'où pouvoit s'étendre au préjudice des neutres, le droit du belligérant, lorfqu'il s'établiffoit fur la néceffité de fa défenfe dont il étoit le feul juge : il pouvoit, par mauvaife intention, ou fans intention & par impéritie croire néceffaire d'empêcher le tranfport non-feulement des armes & des vivres, mais auffi de plufieurs autres marchandifes, & réduire ainfi les peuples neutres à la détreffe, & aux calamités de la guerre. Dans cette extrêmité les neutres ne pouvant implorer la juftice humaine contre de pareille vexations, il falloit, ou s'y foumettre en exhalant des plaintes inutiles, on répouffant la force par la force apprendre à ces capricieux ufurpateurs à refpecter les droits d'autrui.

Ce défordre frappa les nations les plus policées de l'Europe. Lorfqu'après le tumulte des guerres civiles, & des paffions ambitieufes, elles commencèrent à confidérer la navigation & le commerce comme une fource inépuifable de richeffe & de puiffance, elles affignèrent dans des conventions pacifiques, des termes fixes à cette prétendue néceffité des belligérans, leurs droits furent étendus ou reftraints felon la diverfité des circonftances, & relativement au pouvoir & aux qualités des nations contractantes. Ainfi, un peuple imitant l'autre, comme nous le voyons tous les jours, il fe fît entre les nations une loi conventionnelle, à la vérité, mais univerfelle, dans laquelle ou défigna l'efpèce de marchandifes que les autres devoient s'abftenir de porter aux ennemis en tems de guerre : & on arrêta d'autres articles fur la manière d'exécuter la loi, relativement au commerce & à la navigation des neutres. Mais comme tous les peuples ne traitèrent pas avec chacun individuellement, comme ils ne s'unirent pas non plus collectivement pour adopter cette loi conventionnelle, il s'établit en Europe un ufage qui en tint lieu : après la déclaratiou de guerre chaque nation belligérante notifia aux peuples avec lefquels elle n'avoit pas de traîté particulier, les règles qu'ils devoient fuivre dans leur commerce avec les ennemis, ce qui eft à proprement parler circonfcrire le commerce des neutres pendant la guerre, dans les termes convenables à l'état d'une défenfe néceffaire. En cela on ne peut trop louer la juftice & la modération des peuples d'Europe. Ils ont cherché à contenir l'ambition des puiffances prépondérantes, & à prévenir ainfi les caufes de deftruction & de difcorde, pour éviter que l'horrible incendie de la guerre ne portât fes ravages au-delà du cercle tracé par l'impérieufe néceffité.

Cependant quoique cette loi foit digne d'éloges, & très-utile au genre humain, elle n'eft pas moins dans la claffe des loix conventionnelles, & différente de celles qui ont pour bafe le droit général des nations, ou le droit immuable & inviolable de la nature (*a*) dont les principes adaptés aux intérêts des peuples composent ce qu'on appelle le droit des gens. Aussi cette loi mobile dans sa substance & dans chacune de ses dispositions, n'a pas cessé de varier depuis le plus ancien traité de commerce conclu entre Edouard III, Roi d'Angleterre, & les villes maritimes du Portugal le 20 Octobre 1353, jusqu'à nos jours où la même incertitude subsiste encore. (*b*)

Tous les auteurs n'ont pas fait cette réflexion. Ils ont vû que d'après les maximes générale-

____

(*a*) Catherine II, Impératrice de toute les Russies a introduit dans la conduite des peuples neutres, par rapport au commerce, des pratiques & des maximes nouvelles, qui ont été applaudies & adoptées par la plus grande partie des plus puissantes nations de l'Europe, comme nous le remarquerons en son lieu.

(*b*) En interrogeant la simple justice naturelle, c'est-à-dire, le droit primitif & général des nations, les peuples en guerre auroient seulement le droit d'empêcher, dans tous les cas de nécessité le transport actuel des marchandises, propres à conserver ou à augmenter les forces de l'ennemi, en payant aux neutres le dédommagement des pertes occasionnées par le retard. *Hutcheson a system of moral philos. liv.* 2, *chap. 18.* ,, But an such ,, domage done to others for our preservation from ,, greater, oblige ns to make full compensation, weu we ,, ar able. The great probability, or certanty of our ,, making future compensation justifies many steps, Wich ,, otherways would have been unwarrantable. "

Il faut donc avouer que le traité ci-devent rapporté, entre les treize états unis de l'Amérique septentrionale & le Roi de Prusse est le plus conforme aux regles de la justice naturelle, sur le conflit des droits du belligérant & du neutre.

ment reçues, il n'étoit pas permis de porter à l'ennemi des marchandifes prohibées , vulgairement appellées *contrebande* , & que les neutres pouvoient faire librement le commerce des autres marchandifes , pourvu qu'ils s'abſtinſſent de les porter dans les places bloquées, afliégées ou inveſties, & d'autres fecours femblables. Ils ont crû que cette prohibition étoit fondée fur le droit général & primitif, & non fur le droit factice & fecondaire des nations , en conféquence ils ont expliqué & commenté ces maximes conventionnelles comme autant de loix générales du droit naturel , & ils ont embarraflé la matière. Telle eſt la feconde caufe de la confufion dont nous avons parlé.

Il faut donc pour procéder avec méthode, pofer quelques principes généraux, qui font d'une très-grande importance pour éclaircir fuffifamment le fujet que nous traitons.

1º. Il eſt permis aux peuples amis & neutres de faire en tems de guerre leur commerce accoutumé dans toute fon étendue, fans aucune autre reſtriction de leur liberté ordinaire, fans autre affujetiſſement, fi c'en eſt un, que d'obferver une parfaite impartialité.

2º. Cependant les belligérans peuvent s'oppofer au commerce des neutres avec l'ennemi, autant qu'ils le jugent néceſſaire à leur défenfe naturelle.

3º. Les reſtrictions auxquelles fe foumettent les neutres, lors même que la néceſſité de la défenfe naturelle en fait une loi, doivent être ſtipulées dans des conventions volontaires.

4°. En conféquence, les marchandifes dé-
fendues ou qualifiées de contrebande en tems
de guerre ne font pas telles felon le droit général des nations, parce que les loix de la
neutralité obligent les nations paifibles à s'abftenir de leur commerce, mais parce qu'elles
ont promis librement de ne point protéger
ceux de leurs fujets qui voudroient faire avec
l'ennemi un commerce prohibé fpécialement,
& de les abandonner à la loi de la néceffité qui
a dicté la prohibition. A l'égard des nations qui
n'ont rien promis, elles refufent également leur
appui à ceux de leurs fujets qui s'expofent à
des confifcations en faifant un commerce prohibé par le belligérant pour l'intérêt de fa défenfe, & elles aiment mieux refpecter les motifs de cette déclaration, que d'en contefter les
armes à la main la légitimité.

Il ne faut donc pas regarder la prohibition
du commerce de certains articles, & particuliérement celui des armes & autres munitions
de guerre, comme une conféquence naturelle
de la neutralité, ou comme une dépendance
du droit général des nations, mais comme une
fimple convention de la part des peuples qui
ont promis de s'y foumettre, & comme une ad-
héfion, un acquiefcement à l'ufage adopté par
le plus grand nombre, de la part de ceux qui
n'ont pris aucun engagement formel.

J'ai déja rebattu cette vérité ; je me plais à
la répéter encore, parce qu'elle me paroît importante. Les idées font embrouillées fur cet
objet. On réclame fouvent contre la violation

du droit des gens, mais souvent aussi l'on abuse de ce mot, qui ne signifie au fond que le manquement à des conventions tacites ou expresses, & non l'infraction des loix primitives qui constituent le droit des nations.

Cette distinction essentielle n'a pas été apperçue par les professeurs du droit public & privé, lorsqu'ils ont écrit sur le commerce des neutres avec les peuples en guerre ; ils ont regardé l'exclusion des marchandises de contrebande, comme essentielle à la neutralité même, & conséquemment comme un droit absolu du belligérant, comme une obligation naturelle du neutre, & inséparable de l'état qu'il avoit choisi, au lieu de considérer cette exclusion comme l'effet d'une promesse implicite ou formelle, mais toujours volontaire, ou du moins comme une rénonciation tacite de la part du neutre à l'exercice de ses droits naturels.

Ces écrivains n'auraient pas eu de peine à revenir de leur méprise, s'ils avoient réfléchi à la conduite des nations d'Europe. En effet lorsqu'en tems de guerre elles arrêtent & confisquent des bâtimens chargés de contrebande, elles ne croyent pas pour cela que la nation à qui ces bâtimens appartiennent, & qui pouvoit en interdire la navigation, ait rompu la paix, ou violé la neutralité. Elles reconnoissent donc le droit constant des peuples paisibles à toute espèce de commerce, & elles n'y mettent d'entraves que pour la nécessité de leur défense. D'un autre côté les nations paisibles ne s'allarment point des actes de violence exercées en pareil cas contre leurs fujets ; elles n'en demandent point la réparation, foit à caufe de leurs engagemens pofitifs & volontaires, foit parce qu'elles préferent à des pourfuites hoftiles, une tolérance conforme à l'ufage le plus général.

D'ailleurs fi l'exclufion des articles de contrebande étoit une loi naturelle de la neutralité, il eft évident que les peuples paifibles qui font ce commerce pourroient être à l'inftant traités en ennemis, & que la guerre feroit permife contre eux. Cependant cela n'eft jamais arrivé, cela n'arrive pas de nos jours. Ainfi les violences momentanées qu'éprouve en tems de guerre le commerce des neutres, s'exercent & fe tolerent des deux parts en conféquence d'un contract tacite, ou pofitif, & nullement en vertu des loix immuables de la nature.

Or pour ne pas confondre le droit purement conventionel & verfatile des nations, avec le droit primitif & invariable de la nature, il me femble que tout ce qui vient d'être dit peut fe réduire aux queftions fuivantes.

Quand une fois la guerre eft allumée, les neutres peuvent-ils fournir aux ennemis à titre de commerce, des armes, des munitions de guerre, & autres articles vulgairement qualifiés de contrebande ?

Je réponds que s'ils n'ont pas renoncé à ce commerce par un traité fpécial, il n'exifte aucune loi qui le leur défende, pourvu qu'ils le faffent avec une parfaite impartialité.

Les peuples en guerre peuvent-ils empêcher ce commerce quand la néceſſité de leur défenſe l'exige ?

Je réponds que dans le cas prévu, ils peuvent non-ſeulement empêcher ce commerce, mais tout autre, (*a*) pourvu qu'ils ne faſſent aucun tort au neutre, & que ſi le tort eſt inévitable ils l'en dédommagent parfaitement, (*b*) à moins qu'il n'ait été autrement convenu entre les parties.

Tels ſont ſur cette matiere les ſeuls principes immuables dictés par la raiſon éternelle.

Tout

(*a*) Ce principe de raiſon a été apperçu par ceux mêmes qui ont fait les diſtinctions ci-devant établies. Heinecc. l. c. §. 9.

(*b*) Grotius penſoit que la prohibition de fournir des armes & autres munitions de guerre étoit une loi fondée ſur le droit primitif des nations, & non pas purement conventionnelle, quand il s'agit uniquement de commerce. Cet auteur, d'après un mot d'*Amalaſſunta* rapporté per Procope Goth. chap. 2, que quiconque fournit à l'ennemi les choſes néceſſaires eſt du parti ennemi, & d'après d'autres maximes qu'il a trouvées dans Agathias, dans Procope & dans Démoſthene, qu'il cite dans ſon livre *de jur. bell. & pac.* ch. 14, §. 3, N. 2. Cet auteur, dis-je, décide que les peuples qui fourniſſent à l'ennemi des munitions de guerre, doivent être traités comme les ennemis même, ſans diſtinguer, toutefois, s'il s'agit d'un acte de faveur, de partialité, de ſecours ou d'un ſimple fait de commerce. En conſéquence il n'accorde point la reſtitution des marchandiſes interceptées par les belligérans aux neutres, à moins qu'elles ne ſoient également d'uſage en paix comme en guerre.

Tout le refte eft purement factice & mobile. En ce point les nations ont varié, elles varient encore, & peut-être elles changeront à l'avenir felon les circonftances, & la fituation des peuples d'Europe.

Cependant depuis long-tems on a généralement adopté la maxime, ou, fi l'on veut, l'ufage conftant d'accorder au belligerant le droit d'empêcher abfolument le commerce des munitions de guerre; d'arrêter & de confifquer le bâtiment & les marchandifes, fans que ce procédé rompe la paix avec la nation dont on arbore le pavillon. Il fuit delà que cette loi conventionnelle défend aux neutres de fournir à l'ennemi cette efpèce de marchandife.

V. Si la loi conventionnelle des nations qui ne permet pas que les neutres fourniffent impunément à l'ennemi des marchandifes de contrebande, s'étend jufqu'à la vente impartiale des mêmes marchandifes fur le territoire neutre.

JE commence par obferver qu'il s'agit ici d'une fimple queftion de fait : car la loi étant le réfultat des conventions tacites ou expreffes qui lient les peuples d'Europe, pour s'affurer de ce que la loi exige, il faut voir fi dans les traités refpectifs, ou dans l'ufage auquel ils ont donné lieu entre les nations, on a regardé comme prohi-

Ire. Partie.   C

bée en tems de guerre la vente impartiale des armes, des munitions de guerre, & autres articles de contrebande. Nous verrons bientôt que la queſtion ſe décide facilement pour la négative.

Mais on pourroit auſſi la réduire à un point de droit, en demandant par exemple s'il eſt permis au belligérant de déclarer qu'il eſt néceſſaire à ſa défenſe que les peuples neutres s'abſtiennent de vendre à l'ennemi des munitions de guerre. Avant de répondre il faut d'abord bien entendre quelle eſt la nature de l'obligation que les neutres ſe ſont impoſée relativement au commerce des articles prohibés en tems de guerre.

Cette obligation ſe réduit en ſubſtance à tolérer que le belligérant arrête & confiſque leurs vaiſſeaux s'il les trouve chargés en tout ou en partie de marchandiſes de contrebande, & à n'accorder aucune protection aux maîtres des navires contre les preneurs.

Les neutres n'obéiſſent donc pas à une déclaration, à une ordonnance de marine dont les diſpoſitions ne ſont pas obligatoires pour des étrangers: ils ne réconnoiſſent pas comme légitime le droit du belligérant ſur la reſtriction de la liberté des peuples amis & paiſibles: mais ils déclarent à leurs propres ſujets que pour l'intérêt général dans telles ou telles circonſtances, ils ne jouiront pas de la protection publique, ſi le belligérant exerce contre eux un certain genre de violence.

Cela poſé, voici comment on peut répondre à la queftion de droit. Le belligérant peut faire telle déclaration qu'il lui plait : mais les nations indépendantes ne font nullement obligées de s'y conformer. S'il a le droit de faire tout ce qui eft effentiel à fa défenfe, j'ai de mon côté le droit inconteftable d'ufer de mon bien comme il me plait. Lorfque j'en difpofe en faveur des peuples en guerre fans partiali té, fans aucune préférence, j'obferve la feule reftriction qui dérive naturellement de la neutralité où j'ai bien voulu me renfermer ; dira-t-il qu'il eft contraint par la néceffité de me faire défifter à force ouverte, je pourrois alors le répouffer par le même moyen, je pourrois le faire encore quand il arrête & confifque les vaiffeaux de mes fujets chargés d'armes & de munitions pour l'ennemi, fi je n'avois les mains liées par un contrat tacite ou formel. Il eft bien vrai que la néceffité de fauver votre vie & vos biens vous permet de violer ma propriété , & ma libertê, mais cela fuppofe que je n'ai pas autant befoin que vous de la pleinitude de mes droits : fi j'eftime que leur confervation eft né ceffaire à la défenfe de mes biens & de ma vie, certes je ne fuis pas obligé de fouffrir votre invafion, je peux réprimer votre force avec la mienne, & vous refufer ce que vous tentez même licitement de me ravir. Ainfi donc il me fera permis de prendre fur votre territoire un pofte élevé , dont l'emplacement avantageux pour l'ennemi s'il s'en emparoit le premier pour roit me devenir funefte , mais il ne s'en fuit pas que vous foyez obligé de fupporter l'ufurpation du territoire. Si vous craignez que vos états ne deviennent le théâtre de la guerre, ou si vous avez lieu de penser que la conservation de vos droits territoriaux intéresse essentiellement la tranquillité & la sureté de vos sujets, vous pourrez d'abord m'avertir de me désister de mon entreprise, & si je ne l'abandonne pas, vous pourrez m'y forcer les armes à la main.

Il suit de ce raisonnement qu'il n'y a que ma volonté libre qui puisse me faire renoncer à l'exercice d'un droit naturel. En conséquence il n'y a qu'une convention tacite ou expresse qui puisse m'empêcher de vendre mes denrées à qui bon me semble dans mon territoire, pourvu qu'en les vendant à des peuples respectivement ennemis, j'observe une parfaite impartialité. C'est pourquoi, dans la loi conventionnelle qui de l'aveu implicite ou explicite de tous les peuples règle le commerce des amis en tems de guerre, & proscrit la fourniture de la contrebande aux ennemis respectifs, on n'a jamais parlé de la vente impartiale sur le territoire neutre : cette vente, aux yeux de la loi, a toujours paru libre & inattaquable, autant que le droit de chaque souverain paisible & neutre, est inviolable & sacré.

J'ai enseigné dans mon cours de droit public, (*a*) cette opinion, ou plutôt cette vérité réconnue par tous les écrivains, & réduite en pratique par tous les peuples. J'ai établi qu'en conséquence de la loi factice des nations

---

(a) Tom. 3e., pag. 3, cap. 12, §. 9, n. 4.

d'Europe, les neutres ne pouvaient pas impunément fournir aux belligérans des chofes d'un
ufage direct à la guerre. Mais j'ai averti que
par le mot *fournir*, ou devoit entendre *porter* à l'ennemi. En effet les neutres peuvent
vendre dans leur territoire toutes fortes de mar·
chandifes à tout acheteur indiftinctement, même
aux belligérans. Ils ne font en cela qu'ufer de
leurs droits naturels fans bleffer aucune convention, fans nuire à perfonne, pourvu qu'ils
n'accordent ni faveur ni préférence.

J'avoue que je n'ai jamais cru qu'on pût
être d'un avis contraire, tant cette affertion me
paroiffoit évidente. D'ailleurs je ne vois pas
qu'elle ait été révoquée en doute par les auteurs qui ont écrit fur les droits & les devoirs
des neutres. C'eft une de ces vérités frappantes
qui triomphent également & des fubtilités de
l'efprit, & du goût de la controverfe. Ils parlent tous de la *fourniture* des munitions de
guerre, mais aucun ne parle de la *vente libre*
dans le territoire neutre, tous entendent par le
mot *fourniture* le tranfport, & non la vente
faite avec impartialité dans le port à tous ceux
qui viennent acheter. Voici les paroles de l'il-
luftre Grotius (1) *Sed & quæftio incidere
folet quid liceat in eos qui hoftes non funt, fed
hoftibus res aliquas fubminiftrant.* Et pour
qu'on ne doute pas que par ce mot il n'entende
le tranfport, il l'indique nominativement, & il

---

(1) De jur. bell. & pac. l. 3, c. 1, §. 5. n. 1.

ajoute plus bas (1) ,, *Quod ſi juris mei exe-*
,, *cutionem* SUBVECTIO *impedierit id que*
,, *ſcire potuerit qui advexit &c.* Enſuite il
appuie ſur des exemples ſa doctrine relativement aux droits des belligérans contre ceux
qui portent des marchandiſes aux ennemis : il
cite la conduite des Carthaginois dans les termes ſuivans (2) *Romanos qui Cartaginen-*
ſium hoſtibus commeatus attulerunt , ipſi
Carthaginenſes aliquando cæperunt , &c.
Tous les autres écrivains ont ſuivi la théorie
de cet homme célébre ; ils n'ont jamais élevé
un doute ſur la vente des articles de contrebande à l'ennemi , mais ſeulement ſur le tranſport. *Bynkershock* (3) propoſa la queſtion dans
les termes ſuivans : *De his quæ ad amico-*
rum noſtrorum hoſtes non recte advehuntur.
Henri Cocci (4) dans ſa diſſertation ſur le droit
de la guerre contre les amis & les neutres dit
qu'en tems de guerre il n'eſt pas permis de
fournir des armes au belligérant , *arma miniſ-*
trare , & il ajoute qu'il entend par-là le tranſport ſur des vaiſſeaux neutres , ſans faire mention de la vente d'armes ou de munitions qu'on
fait ſur ſon territoire à quiconque ſe préſente.
Mr Hiibner (5) qui a écrit plus diſſertement

---

(1) *Ibid.* N°. 3.
(2) *Ibid.* N°. 5. vid. l. 3 , cap. 19, §. 3 , n. 1.
(3) Quæſt. jur. pub. cap. 10 , tom. 2 , edit. Coton.
Allobrag.
(4) Diſſert. Curioſ. 2a. tom. 2. de jure belli in
amicos.
(5) De la ſaiſie des bâtimens neutres.

qu'aucun autre fur les droits & les devoirs des peuples neutres n'a pas dit un mot de la vente dans fon livre intitulé : *de la faifie des bâti-mens neutres :* ce qui fuppofe le tranfport des marchandifes au port de l'ennemi, feul cas ou la queftion de la faifie puiffe avoir lieu. Telle eft précifément la doctrine de François *Hut-chefon.* (*a*) Suivant lui le feul commerce interdit aux neutres, c'eft l'envoi des provifions de guerre aux belligérans. *Miltary flores......* *ordinarily are to be fent to neither.*

Tout cela prouve que ma théorie eft conforme aux fentimens des auteurs, & qu'aucun d'eux n'y a vu la matiere d'un doute. Néanmoins en dernier lieu l'abbé *Galiani* (*b*) l'a trouvée étrange & erronée. En propofant la queftion de favoir fi un vaiffeau conftruit dans un port neutre, propre à la navigation, & armé en guerre doit être confidéré comme contrebande quand on le met en vente dans le même port, cet auteur décide qu'on devroit tenir pour l'affirmative, fi je n'avois pas enfeigné une opinion nouvelle & infolite, en établiffant que les neutres ne peuvent pas porter aux belligérans des chofes ufuelles à la guerre, mais qu'ils peuvent les vendre à tout venant

---

(*a*) A fyftem of maral philofoph, tom. 2, l. 3, c. 10, N. 2, pag. 360.

(*b*) Des devoirs des princes neutres envers les princes belligerans, & de ceux-ci envess les neutres, c. 9, §. 14, p. 338 & fuiv.

dans leur territoire, pourvû qu'ils n'accordent point de préférence à l'une des parties. (*c*)

Franchement, je ne veux pas me prévaloir de ce qui ne m'appartient pas. La doctrine qu'on m'impute d'avoir introduite comme une nouveauté, a été embrassée du moins implicitement par tous les auteurs que je viens de citer : puisque tous parlent uniquement du transport des marchandises à l'ennemi, & jamais de la vente sur le territoire neutre. Mais il y en a qui ont expressément posé les mêmes principes. Voici les theses de Wolfuis (1) sur cet article ,, *Qui fœdus neutralitatis init* ,, *parti belligerantium alteri nec auxilia* ,, *mittere, nec subsidia præstare nec arma,* ,, *nec alia quæ in bello usum habent sup-* ,, *peditare debet.*

Il distingue ensuite (2) l'envoi ou la fourniture , & la vente impartiale ; il dit que celle-ci est permise ; voici comme il s'exprime ,, *Qui neutrarum partium sunt utrius-* ,, *que belligerantium partis militibus ac*

(*c*) Voici ses paroles : ,, Personne n'avoit ima-
,, giné qu'on put hésiter sur la question de savoir si
,, une telle vente est contrebande de guerre. Mais
,, M. Lamprédi a publié une opinion nouvelle qu'il
,, est à propos d'examiner. Il prétend que la contre-
,, bande a seulement lieu lorsque les neutres portent
,, aux belligérans des articles prohibés : & que si les
,. neutres se contentent de les vendre sur leur terri-
,, toire, en laissant à d'autres le soin & le risque du
,, transport, la neutralité dans ce cas n'est point violée.
(1) De jur. Gent. cap. 6 , §. 678.
(2) §. 184.

(41)

„ *fubditis, aditum in territorium fuum,*
„ *& tranfitum per terras fuas tutum con-*
„ *cedere ac permittere tenentur, ut jufti*
„ *negotii caufâ in illo commorentur & res*
„ *quibus indigent æquo pretio fibi compa-*
„ *rent, ac utrifque æque officiofos fe fe præ-*
„ *bere debent.* Mais Watel s'en explique plus
clairement encore dans fa traduction françoife
où il a fubftitué les graces de fon ftyle, aux
formes faftidieufes de l'école. „ Premierement,
„ dit - il, tout ce qu'une nation fait en ufant
„ de fes droits, & uniquement en vue de fon
„ propre bien, fans partialité, fans deffein de
„ favorifer une puiffance au préjudice d'une
„ autre, tout cela, dis - je, ne peut en géné-
„ ral être regardé comme contraire à la neu-
„ tralité, & ne devient tel que dans ces oc-
„ cafions particulieres, où il ne peut avoir lieu
„ fans faire tort à l'une des parties, qui alors
„ a un' droit particulier de s'y oppofer. Di-
„ fons encore fur les mêmes principes que fi
„ une nation commerce en armes, en bois de
„ conftruction, en vaiffeaux, en munitions de
„ guerre, je ne puis trouver mauvais qu'elle
„ vende de tout cela à mon ennemi, pourvû
„ qu'elle ne refufe pas de m'en vendre auffi à un
„ prix raifonnable. Elle exerce fon trafic fans
„ deffein de me nuire, & en le continuant
„ comme fi je n'avois point de guerre, elle
„ ne me donne aucun jufte fujet de plainte. „
Galiani cite ce paffage de Wattel à la page 276 de fon livre, après avoir dit à la page 228 que ma doctrine eft nouvelle & infolite.

Il devoit pourtant favoir que l'ouvrage de Wol-
fius, & la traduction de Watel ont été publiés
bien avant mon cours de droit public. Mais foit
que ma doctrine foit nouvelle ou ancienne,
voyons de quels argumens il fe fert pour la
combattre.

VI. *La loi conventionnelle des nations qui
ne permet pas de fournir aux belligérans
des munitions, & autres provifions de
guerre, doit s'entendre comme prohibi-
tive du tranfport, & non de la vente des
mêmes articles fur le territoire des princes
neutres.*

Toutes les objections de l'abbé Galiani
contre ma doctrine fe réduifent au raifonnement qui fuit; les neutres, dit-il, ne peuvent
fournir aux peuples belligérans ni munitions de
guerre ni marchandifes de contrebande : or,
foit qu'ils les livrent fur leur propre territoire,
foit qu'ils les tranfportent à l'ennemi, la fourniture n'en eft pas moins réelle; donc la loi générale doit défendre également la vente & le tranfport qui ne different nullement quant à la fubftance de l'acte, & dont le réfultat eft toujours de
fubvenir aux befoins de l'ennemi. On peut tout
au plus accorder, ajoute-t-il, qu'il eft bien plus
avantageux pour l'acheteur de recevoir tran-
quillement chez lui les articles qu'il defire, fans
avoir d'autre embarras que de payer le fret :

il n'en eſt pas moins vrai que dans les deux cas
l'acheteur eſt également pourvu de marchandiſes de contrebande, & c'eſt à quoi le droit
des gens a voulu obvier ; il faut donc que la
vente ſoit interdite auſſi rigoureuſement que le
tranſport. (*a*)

C'eſt dommage que l'abbé Galiani ait montré toute la ſubtilité dont il éroit capable ſur
un point ou la ſubtilité ne pouvoit tenir lieu
des principes qui lui manquoient.

Il a trouvé dans mon livre & dans d'autres
auteurs, que les neutres ne peuvent pas *fournir* de marchandiſes de contrebande aux peuples en guerre, & ſans remonter à la ſource
de cette obligation, il s'eſt arrêté au terme
fournir, & il en a tiré les conſéquence qu'on
vient d'expoſer. S'il eut conſidéré la nature de
cette obligation, il auroit ſans doute apperçu
qu'elle n'eſt ni de l'eſſence de la neutralité,
ni une conſéquence du droit primitif des nations, mais le réſultat de leurs engagemens libres, tacites ou formels : alors il auroit ſenti
que pour expliquer le terme *fournir*, il fal-

(*a*) Je demande, dit-il, à un homme du peuple ſi
les cantiniers ne fourniſſent pas de vin à Naples, par
la raiſon qu'ils attendent les acheteurs à leur boutique,
& ſi les marchands d'huile qui vont la vendre de maiſon en maiſon, ne ſont pas les ſeuls fourniſſeurs proprement dits. Cet homme me rit au nez, & me dit,
tous deux ſont fourniſſeurs, tous deux ſont vendeurs,
ſeulement le marchand d'huile épargne à l'acheteur la
peine du tranſport qu'il ſe fait payer. Cette déciſion
triviale ſuffit pour réfuter l'opinion de M. Lamprédi.

loit au lieu de s'attacher au sens grammatical, consulter l'esprit des parties contractantes, & la pratique universellement adoptée. Or puisqu'il en résulte évidemment que par le mot fournir, les peuples d'Europe ont toujours entendu le transport, & jamais la vente, à quoi peut servir contre un fait la subtilité d'un raisonnement.

Mais l'abbé Galiani est tombé dans la même erreur que tous les autres; il a pensé que cette restriction à la liberté générale du commerce dérivoit de la nature & de l'état de neutralité; il l'a regardée comme une loi primitive du droit des gens dont l'esprit est d'interdire aux neutres toute relation de commerce, avec les peuples en guerre. Dans cette hypothèse il seroit vrai de dire que la vente a le même but d'utilité que le transport. Mais ce n'est pas sur cette loi qu'est fondée la restriction du commerce relativement aux marchandises de contrebande. D'ailleurs il ne faut pas croire que le marchand ou le facteur considère l'avantage des acheteurs; il n'a en vue que son propre intérêt, & si en y travaillant, il va au secours de ceux-là, on ne peut lui en faire un crime, parce que jamais une action ne cesse d'être innocente par des résultat involontaires & imprévus.

Ainsi quoiqu'on manque à l'impartialité, unique devoir des neutres en fournissant à titre de secours des marchandises de contrebande, ou toute autre denrée avantageuse à l'un des ennemis, on peut cependant le faire à titre de commerce impartialement : & c'est uniquement en vue de la confifcation ou de l'arrêt, fuivant la diverfité des conventions arrêtées entre les peuples qu'on s'abftient de porter à ceux qui font en guerre des marchandifes de contrebande.

Si l'abbé Galiani avoit faifi la fimplicité de ces principes, il auroit bientôt apperçu que la difficulté qu'il élevoit fur la vente des marchandifes de contrebande étoit abfurde de droit & de fait ; il auroit fenti que fi le droit primitif des nations permettoit aux neutres de vendre & de porter aux peuples en guerre toute forte d'articles indiftinctement, il leur permettoit à plus forte raifon de les vendre fnr leur territoire. Il eft bien étonnant qu'il n'ait pas été frappè de cette vérité, puifqu'il adopte des principes inconteftables qui devoient néceffairement l'y conduire. Il dit „ (*a*) que la neutralité n'eft „ pas un nouvel ordre de chofes, mais une „ continuation de l'état antérieur, il ajoute, „ (*b*) que la neutralité n'eft & ne peut-être „ une fituation nouvelle pour un fouverain, „ qu'il conferve fa manière d'être antécéden- „ te, précifément parce qu'il ne lui eft rien „ furvenu de nouveau qui l'oblige à en chan- „ ger. " La conféquence naturelle de ces principes le portoit néceffairement à conclure que la puiffance neutre pouvoit continuer fon commerce comme avant la guerre fans autre reftriction que celle qui réfultoit de fes engagement tacites ou formels.

(*a*) Pag. 111.
(*b*) Pag. 142,

Je ne conçois pas par quelle inadvertance un homme auſſi éclairé a pû conclure de ce principe que les neutres ne peuvent pas vendre comme auparavant des armes & des munitions de guerre aux ſujets des nations belligérantes. Si la guerre ne change rien à l'état du peuple neutre, pourquoi devroit-il s'interdire les choſes qu'il faiſoit avant, & altérer ainſi par le fait ſon état qui ſelon Galiani ne doit pas éprouver le moindre changement par la neutralité ? N'eſt-ce pas là une contradiĉtions manifeſte ?

Galiani enſeigne auſſi (*a*) que les princes neutres peuvent, ſans bleſſer les loix de la neutralité, permettre aux deux nations ennemies de faire des recrues dans leurs états pour completter ou renforcer leurs armées reſpeĉtives. Il fonde ſon opinion ſur ce que le ſouverain ne prend alors connoiſſance du contrat que pour en garantir les conditions ; mais ce n'eſt pas lui, dit-il, qui les impoſe. Il n'ordonne point les levées, il ne preſcrit rien, il n'interpoſe en rien ſon pouvoir ſuprême.

On pourroit demander comment il n'eſt pas venu à l'eſprit de cet écrivain d'appliquer les mêmes raiſonnemens à la queſtion dont il s'agit.

Si les princes neutres peuvent permettre impartialement aux nations ennemies d'enrôler des hommes dans leurs états, pourquoi ne pourront-ils pas leur permettre auſſi de s'y approviſionner de toutes les munitions néceſſaires au ſervice de leurs armées ? Sans doute on ne pré-

____

(*a*) Lib. c. p. 3ﾅ8.

tendra pas que la poudre foit plus directement utile dans les combats que le foldat qui l'employe : on ne croira pas que les canons & les fufils, inftrumens paffifs & inanimés, foient plus homicides que les bras qui s'en fervent pour l'embrafement des villes, & la deftruction des hommes. Pourquoi donc interdire la vente impartiale des foldats, quand on convient que celle des armes eft permife ? *Galiani* devoit admettre l'une & l'autre par les mêmes raifons, & prononcer indéfiniment la liberté du commerce fur le territoire des princes neutres. En effet ce commerce n'exige aucun traité de la part du fouverain avec les nations qui viennent s'approvifionner chez lui. Il ne fe mêle, ni de l'achat, ni de la vente, ni des autres actes tranflatifs de propriété. Ce n'eft pas lui qui fait emmagafiner les provifions de guerre, ce n'eft pas lui qui expédie les vaiffeaux de tranfport. *Il ne prefcrit rien, il n'interpofe en rien fon pouvoir fuprême.* Il ne fait que donner une protection générale au commerce de fes états; il permet fimplement à fes fujets négocians, les mêmes fpéculations qu'avant la guerre. Seulement à cette occafion, il exige d'eux une parfaite impartialité, confidérations à laquelle ils n'étoient pas tenus de s'arrêter, puifqu'ils pouvoient, au gré de leur caprice, refufer de vendre aux individus de telle, ou telle nation.

Mais, quoique dans les deux hypothèfes les raifons alléguées, foient évidemment les mêmes; le même écrivain a rendu deux décifions diamétralement oppofées. Que devons nous conclure de cette contradiction manifefte? le voici, felon ma penfée : la vérité fe préfente d'elle-même à l'homme froid qui la cherche paifiblement ; mais elle fe dérobe aux yeux de celui qui a pris un parti & qui difpute ; elle s'enveloppe dans les ténébres des argumens fubtiles, & des paralogifmes ingénieux.

VII. *De la contrebande de guerre. Abus de ce terme. Erreurs qui en réfultent.*

Il ne faut peut-être imputer la méprife de Galiani, qu'au nom de *marchandifes de contrebande*, fous lequel on a défigné tous les articles qui fervent directement à la guerre. L'idée de prohibition s'eft tellement affociée à cette qualification, employée fréquemment dans les traités publics de tous les peuples, qu'on en a inféré l'interdiction abfolue du commerce en tems de guerre, fans diftinction de lieu, ni de perfonne.

Pour lever toute difficulté, voyons à quelle époque une marchandife commune a été deffendue en tems de guerre ; examinons en quel lieu elle commence a devenir contrebande, proprement dite , de manière que l'ennemi puiffe légitimement la faifir & la confifquer.

Tout le monde conviendra volontiers qu'il eft impoffible de confidérer comme marchandife

dife prohibée, ou de contrebande, une pro-
vifion de poudre, d'armes défenfives ou offen-
fives, dépofée, par exemple, dans les maga-
fins publics ou particuliers de Livourne ou de
quelqu'autre ville de Tofcane, en attendant
les acheteurs. Il n'y a que le fouverain feul
qui puiffe regler le fait des chofes & des perfonnes de l'état. Les ventes & les achats fe
font en toute liberté dans les limites du territoire
& nulle puiffance étangere, paifible ou belligérante, ne pourrait troubler le commerce intérieur de la Tofcane, fans violer tout à la
fois la liberté naturelle, & les droits légitimes
du fouverain.

Parce qu'une telle marchandife peut être
employée directement aux ufages de la guerre,
elle ne devient pas pour cela feul objet de
contrebande, & le belligérant n'acquiert pas
tout-à-coup le droit de la faifir & de la confifquer en quelque lieu qu'il la trouve. Si cela
étoit, il faudroit dire que la loi de la nature,
& celle des nations qui en émane, donne aux
peuples en guerte le droit affreux d'entrer, à
main armée, dans le territoire de toutes les
puiffances paifibles, d'y faifir légitimement
tout ce qu'ils y trouvent d'applicable aux ufages de la guerre, fans égard pour la propriété
publique ou privée, pour la liberté des peuples, & pour l'autorité fouveraine. Certes,
perfonne encore ne s'eft avifé d'une fi mon-
ftrueufe abfurdité.

Ainfi le caractère des marchandifes de contrebande ne vient pas de l'ufage direct qu'on

Ire. Partie.   D

peut en faire à la guerre : Il dérive d'ailleurs ; tant qu'elles font en pays neutres, elles font libre de toute efpèces d'entrave pour l'achat la vente, ou toute autre tranfaction.

Il y a deux circonftances dont le concours eft néceffaire pour que ces marchandifes deviennent contrebande. Il faut premièrement qu'elles appartiennent à l'ennemi, ou du moins qu'elles foient fufceptibles de lui appartenir par leur deftination. En fecond lieu, qu'elles foient forties du territoire neutre *(a)* ; alors elles deviennent *res hoftiles*, chofes ennemies ; elles prennent le caractère de marchandife de contrebande, & fi elles font trouvées fur un territoire dont aucun fouverain n'a la jurifdiction, ou en haute mer, elles font de bonne prife, quelque foit le pavillon du bâtiment qui les porte, non pas en qualité d'armes ou de munitions de guerre, mais comme chofes appartenantes à l'ennemi, ou du moins deftinées à lui appartenir & à augmenter fes forces.

D'où il fuit que le fouverain paifible qui permet dans les états le commerce libre de toute efpèce de marchandifes, ne fait rien qui excéde les bornes de fon autorité, ni dont les puiffances belligérantes puiffent fe plaindre. Elles ne lui reprocheront pas de donner la main à la vente ou à l'achat des articles de contrebande, puifqu'ils n'exiftent pas chez lui, & qu'ils ne peuvent devenir tels que par la tra-

---

(*a*) Gentilis. *De jure Belli. Res non hoftium non bene capitur ullibi.* Lib. 2 , cap. 22.

dition ou la deſtination à l'ennemi, & par la ſortie du territoire.

Le concours de ces deux circonſtances eſt tellement néceſſaire, que ſi pendant que des peuples du couchant ſont en guerre, un des ennemis rencontre au large un vaiſſeau marchand chargé d'armes & de munitions, mais deſtiné pour une nation neutre du levant ; ſi cette deſtination eſt prouvée par les lettres de mer & autres counoiſſances trouvées à bord, le capitaine n'éprouve aucune hoſtilité. La priſe, en pareil cas, ſeroit une violation énorme du droit des gens, préciſément, parce que la qualité des marchandiſes ne ſuffit pas pour les conſtituer contrebande de guerre.

Comme ces deux circonſtances ſont coincidentes au tranſport ſeulement, la prohibition relative aux marchandiſes de contrebande, ne peut tomber que ſur le tranſport aux ennemis, & non ſur la vente faite en pays neutre, où la contrebande n'exiſte même pas. C'eſt peut-être faute d'en avoir examiné attentivement la nature & l'eſſence, que Galiani s'eſt expoſé à une mépriſe, qu'il a ingénieuſement défendue.

VIII. *Le droit conventionnel des nations qui ne permet pas que les neutres fourniſſent impunément des armes & autres munitions de guerre aux nations belligérantes a toujours été conſidéré chez tous les peuples comme prohibitif de tranſport ſeulement, & non de la vente des mêmes articles ſur le territoire neutre. Il n'a jamais été fait mention de la vente dans aucun traité.*

J'AUROIS pu trancher d'un ſeul mot la queſtion propoſée ; j'aurais pu me contenter de prouver comme je l'ai fait, que la ſeule obligation des neutres envers les belligérans, ſe réduit à obſerver dans leur commerce une impartialité parfaite ; qu'ils peuvent en uſer comme avant la guerre, & que leur liberté ne peut être reſtreinte ou modifiée que par des conventions tacites ou formelles, réſultante du droit factice de l'Europe.

Mais j'écrivois ce traité du vivant de Galiani, & dans la vue de prouver à cet homme célèbre l'importance que j'attachois à ſes opinions & à ſes raiſonnemens, j'ai voulu donner plus de développement à cette partie de ma doctrine dont la vérité n'avoit pas beſoin d'un ſurcroit de preuves, puiſqu'elle eſt conſacrée par la pratique univerſelle des nations.

Le public voudra bien me pardonner cette. rédondance , & ce témoignage de mon eftime pour un favant dont l'amitié me fût toujours chère , & qui même en combattant mon opinion me combla d'éloges flatteurs que je me trouve loin de mériter. (*a*)

Je reviens à mon fujet , & je dis que parmi les immenfes compilations faites fur le droit public, on ne trouve pas un feul traité où la vente des munitions de guerre foit défendue , ni même défignée , tandis que, dans tous les traités , le tranfport (*b*) eft expreffément interdit. Il eft donc impoffible de voir fur quel fondement Galiani a prononcé que ma doctrine par rapport à la vente des marchandifes de contrebande , *eft contraire au texte & à l'efprit de tous les traités, à la pratique univerfelle & au fentiment général.* (*c*)

J'ai rendu compte de l'opinion de ceux qui ont écrit fur le droit public. Quant au texte & à l'efprit des traités, il fuffit de les parcourir rapidement pour s'affurer que pendant plus de trois cents ans il n'a pas été fait mention de la vente, & qu'on a toujours prohibé le tranfport feulement. Cette difpofition eft la feule

____

(*a*) Il mourut le 30 Octobre 1787. C'étoit un des plus beaux efprits de l'Italie ; Il étoit fort éloquent, plein de favoir & d'érudition.

(*b*) Je n'ai vu d'exception à la regle générale que dans le traité de paix & d'alliance conclu le 6 Août 1661, entre Alphonfe , Roi de Portugal & les Provinces-Unies. J'aurai occafion d'en parler.

(*c*) L. C. p. 359.

convenable au but qu'on s'eſt généralement propoſé, de régler, & de maintenir la liberté des
peuples, celle du commerce maritime, & ſpé-
cialement la légitimité des priſes ſur les neutres
en tems de guerre. Les priſes ne pouvant avoir
lieu légitimement que ſur un territoire ſans
maître, les traités ne pouvoient parler que du
tranſport par mer, & non de la vente ſur le
territoire des neutres où rigoureuſement parlant il n'exiſte pas de marchandiſes de contrebande.

Un des plus anciens traités de commerce eſt
celui qui s'eſt paſſé le 20 Mars 1406, entre
Henri IV, Roi d'Angleterre, & Jean Sans Peur
duc de Bourgogne, & comte de Flandre. On
y ſtipule qu'une partie pourra porter à l'autre
en tems de guerre toute eſpèce de marchandiſes excepté, armière, artilleries, canons, &
autres choſes ſemblables & invaſibles. (a)

Mais ſans remonter à des époques réculées,
& en s'arrêtant à un ſiècle qui touche le notre, on trouve dans le traité de paix conclu
entre Philippe III, Roi d'Eſpagne, & Jac-
ques Ier., Roi d'Angleterre, le 19 Août 1604,
Art. 3. L'énumération des marchandiſes qu'il
eſt défendu de porter à l'ennemi : on n'y parle
pas de la vente ſur le territoire eſpagnol ou
anglais.

Dans le traité de commerce du 18 Avril 1646,

(a) Dumont, tom. 2, p. 302. Ce traité a été confirmé entre le même Jean ſans-Peur & Henri V, Roi
d'Angleterre.

entre Louis XIV, & les Provinces Unies, on stipula que le pavillon Hollandais préserveroit non-seulement les marchandises des sujets de la république, mais même toute la cargaison encore qu'une partie appartint aux ennemis. On réforma ainsi une ancienne ordonnance de marine faite par Henri III, Roi de France en 1584, laquelle prononçoit la confiscation absolue de tous les bâtimens amis à bord desquels on trouveroit des marchandises appartenantes à l'ennemi. (*b*) Mais ce traité de 1646, proscrit toujours les articles de contrebande qui demeurent soumis à la saisie : & il en fait le détail nominativement.

A l'article 4 du traité de marine arrété le 17 Décembre 1650, entre Philippe IV, Roi d'Espagne & les Provinces Unies (*c*) ; il est question des marchandises de contrebande, mais simplement pour en interdire le *transport*, ,, *est encore* prohibé sous ledit nom le transport des gens de guerre &c......

L'article 7 du traité de Westminster, du 5 Avril 1654, entre Olivier Cromwel, & les Provinces Unies, défend *d'envoyer à l'ennemi*, des marchandises de contrebande.

L'art. 2 de celui d'Upsal du 11 Avril 1654,

(*b*) Il y avoit encore en France deux ordonnances antérieurs de 1536 & de 1581, qui portoient la même disposition. Elles sont rappellées dans le traité de commerce de 1716, entre la France & les villes Anséatiques, dont nous parlerons ci-après.

(*c*) Wicquefort, histoire des Provinces-Unies, preuves du livre troisieme, page 602.

entre le même Cromwel & Chriſtine Reine de Suède, permet aux puiſſances étrangères de commercer librement avec leurs ennemis reſpectifs, en exceptant toutes fois le tranſport des articles de contrebande. ,, *Cautum tantum modo ſit interim nullas merces contrabandæ vocatas ad hoſtes alterius devehendas eſſe, ſine periculo, ſi ab altero fœderatorum deprehendantur, quod prædæ cedant ſine ſpe reſtitutionis.* "

La même prohibition relative au tranſport eſt exprimée dans le traité de Paris, du 10 Mai 1655, entre Louis XIV, & les villes Anſéatiques, Art. 3, & dans celui de Weſtminſter, du 3 Novembre de la même année entre la France & l'Angleterre, Art. 22. ,, *Ne ve populus aut ſubditi alterutrius bona vetita & prohibita in ea regna, Dominia, vel territoria important, quæ inimicitias vel hoſtilitates exercent.* "

Le traité de Londres, entre l'Angleterre & la Suède, du 11 Avril 1756, arrêté en interprétation de celui de 1654, Art. 11, défend le tranſport, & non la vente. Celui des Pyrénées, du 17 Novembre 1659, Art. 11, interdit auſſi le tranſport ſeulement.

Dans le traité d'alliance & d'amitié entre Charles II, Roi d'Angleterre, & Charles XI, Roi de Suède, le 21 Décembre 1661, on ne déclare ſujettes à la priſe que les marchandiſes tranſportées à l'ennemi ; *quæ ſuppeditandæ devehuntur ad alterius hoſtem.* Dans celui de Paris, du 27 Avril 1662, la liberté du commerce eft ftipulée fans autre reftriction que celle-ci, Art. XXVII. „ *Ce tranfport s'éten-dra à toutes fortes de marchandifes à l'exception de celles de contrebande.*

L'art. 2 , du traité de Stockolm du 16 Février 1666, entre la Suède & l'Angleterre ne défend pas la vente, mais feulement le tranf-port des marchandifes de contrebande *qui ne pourront pas être aménées à l'ennemi de l'autre partie.* Dans celui du 31 Juillet 1667, entre l'Angleterre & la Hollande, pour diftin-guer nettement les marchandifes de contrebande & celles qui n'en font pas , les parties con-tractantes s'expriment ainfi : „ *ne tamen in-terea in fufpenfu hæreant , & in ambiguo teneantur utrimque partis incolæ , & fub-diti , incerti quas mercimonii fpecies in for-mam bellici apparatus , aut fub titulo & prætextu commerciorum hofti partis alte-rutrius fubvehere aut fuppeditare , aut li-citum aut vetitum fit &c....* " Et jamais, comme on voit, il n'eft fait mention de la vente.

Dans le traité de Stockolm, du 29 Novembre 1675 , entre la Suède & les Provinces Unies, Art. 11 , il eft défendu de *tranfporter.*

Les états des Provinces Unies dans leur dé-claration de guerre contre la France , & dans leur manifefte pour la navigation & le com-merce, du 9 Mars 1669, avertiffent leurs amis, leurs alliés , & les neutres de s'abftenir „ de „ *tranfporter* aucune marchandife de contre-„ bande pour les conduire dans aucune des „ Havres, villes & places de France, ou au-

,, tres états de l'obéiſſance dudit Roi, étant
,, dans l'intention de réputer pour bonnes pri-
,, ſes & confiſquées les ſuſdites marchandiſes. "

On trouve la même règle exprimée dans le traité de Nimègue, entre la France & les Provinces Unies, du 24 Septembre 1678, Art. 14.
,, *Ce tranſport*, eſt-il dit, s'étendra à toutes
,, ſortes de marchandiſes excepté celles de con-
,, trebande. L'art. 12, du traité de Copenha-
,, gue, du 13 Juin 1701, continue la même
,, diſpoſition. Ils ne *porteront* à ſes ennemis
,, aucunes marchandiſes de contrebande &
,, *ainſi réciproquement.*

Voici ce qu'on lit à l'article 12, du fameux traité de Paris, ſur la navigation & le commerce entre la France & les villes Anſéatiques, en datte du 28 Septembre 1716, traité qui a ſervi de modèle à tous ceux que la France a faits depuis lors avec les autres peuples navigateurs & commerçans d'Europe. ,, Les vaiſ-
,, ſeaux de S. M. &c. ne pourront arrêter les
,, navires deſdites villes Anſéatiques, ſi ce n'eſt.
,, qu'ils fuſſent chargés de marchandiſes de con-
,, trebande pour les *porter*.aux pays & places
,, des ennemis..... "

Suivant l'article 6, du traité de commerce, entre l'Empereur Charles VI, & Philippe V, Roi d'Eſpagne, on ne peut ſaiſir à bord des bâtimens neutres que les marchandiſes deſtinées pour l'ennemi.

Par l'article 2 du traité de commerce & de navigation entre la Ruſſie & l'Angleterre ſigné à Saint Pétersbourg le 2 Décembre 1734. Il

eſt convenu... ,, Que les ſujets de l'une & de
,, l'autre partie pourront commercer dans tous
,, les états qui pourront être en inimitié avec
,, une des parties, pourvû qu'ils ne *portent*
,, point de munition de guerre à l'ennemi. ,,

L'Angleterre avoit fait avec l'Eſpagne, le
31 Mai 1667 un traité de paix, de navigation
& de commerce dont l'article 13 portoit que
le commerce ſeroit libre même en tems de
guerre avec les ennemis de l'une & de l'autre
partie, de maniere que les bâtimens ne pourroient être ſaiſis ni inquiétés, ,, pourvû, eſt-
,, il dit, que leſdits navires ne ſoient pas deſ-
,, tinés à y *porter* des marchandiſes de con-
,, trebande. ,, Ce traité a été pleinement confirmé par celui que ces deux puiſſances ont ſigné à Madrid le 13 Juin 1721. Et celui de Nimègue entre la France & les Provinces-Unies
de 1678 que nous avons cité a été copié mot
pour mot dans celui de Verſailles du 21 Décembre 1739 dont l'article 15 défend ſimplement le tranſport des marchandiſes de contrebande.

Au moment même des déclarations de guerre,
c'eſt-à-dire, dans le tems où l'ardeur du reſ-
ſentiment eſt plus active, où l'on voudroit tout
intéreſſer à ſa quérelle, on n'a pas vu de nation puiſſante ou fortunée qui ait oſé interdire
aux neutres la vente impartiale de leurs marchandiſes ſur leur territoire. On s'eſt borné à
menacer de ſaiſir les marchandiſes de contrebande en cas de tranſport ſeulement. Nous en
avons cité un exemple, mais il y en a de plus

modernes. Voici les termes de la déclaration de guerre de la Grande-Brétagne contre l'Espagne du 30 Octobre 1739. „ Nous avertis„ sons toutes personnes de quelque nation „ qu'elles soient de ne *transporter* soldats, „ armes, &c. & autres effets de contrebande „ dans le pays du Roi d'Espagne „ Voici les paroles du manifeste de la Grande - Brétagne contre la France du 9 Avril 1744. „ Ordon„ nons à tous nos propres sujets, & avertis„ sons toute personne de quelque nation que „ ce soit, de ne *conduire* ni transporter aucune „ troupe, poudre, &c. dans aucun des terri„ toires du Roi de France; déclarant que tous „ vaisseaux & bâtimens qui seront trouvés *con-*„ *duisant* & *transportant* marchandises de „ contrebande, &c. seront déclarés de bonne „ prise. „

Les traités que nous venons de citer dans lesquels on a stipulé les droits des belligérans, & les devoirs des neutres, ont servi de base à tous ceux qui ont été faits successivement jusqu'à nos jours. L'Impératrice de Russie elle-meme a rappellé les anciens traités dans ses dernieres conventions sur le commerce & la navigation des neutres en tems de guerre avec le Danemarck, la Hollande, l'Empereur, le Roi de Prusse, le Portugal, &c. Cette souveraine n'a rien innové touchant l'article dont il s'agit, quoiqu'elle ait eu le dessein très-louable de trancher une question long-tems controversée sur laquelle les peuples d'Europe ont changé selon les circonstances.

Ainſi l'opinion que j'ai ſoutenue bien loin d'être nouvelle & contraire à l'eſprit & à la lettre de tous les traités, comme l'avance Galiani, cette opinion dis - je eſt auſſi ancienne que la raiſon univerſelle dont quelques nuages peuvent offuſquer la lumiere, mais dont les principes ont toujours eu la même lucidité ſur cet objet. En un mot je me trouve tellement d'accord avec le texte, & l'eſprit des traités publics, qu'il n'y en a pas un ſeul où l'interdiction ait été prononcée contre la vente impartiale des marchandiſes propres à la guerre, en pays neutre quelque fût l'acheteur.

Galiani dit en outre que mon opinion eſt contraire à la pratique univerſelle, & c'eſt une aſſertion gratuite. En effet ou auroit peine à citer une prohibition publiée par une nation neutre contre la vente des munitions dans ſon territoire, à l'occaſion par exemple d'une guerre ſurvenue entre la France & l'Angleterre, le Danemarck, la Hollande, la Ruſſie, l'Eſpagne, l'Italie ou toute autre puiſſance maritime. On ne peut pas ſe prévaloir de quelques précautions inſpirées par la prudence à un état particulier qui, pour ôter à un ennemi prépondérant tout prétexte d'invaſion, auroit défendu à ſes ſujets de fournir des munitions de guerre aux belligérans. Ce qui conſtitue la pratique univerſelle, c'eſt le réſultat des actes habituels du plus grand nombre. Il faudroit prouver ce concours après l'avoir allégué : or ici cela eſt impoſſible.

Quelquefois un ſouverain a jugé à propos

de facrifier fes droits à fon intérêt préfent : &
de préférer les regles de la prudence publique,
à la juftice publique. Quelquefois la crainte
du péril, lui a fuggéré des mefures de circonf-
pection pour ne pas expofer aux hoftilités d'une
nation puiffante, un état foible & fans défenfe.
Il a pu alors interdire à fes fujets la vente d'aucune munition de guerre, pour fe préferver
d'un défaftre incomparablement plus fâcheux
que le petit mal réfultant de la fufpenfion momentanée d'une branche de commerce. Mais
pour dire qu'une telle prohibition eft conforme
à la pratique générale, il faut prouver que toutes les nations de l'Europe en ufent ainfi, &
ne pas fe borner à en citer un petit nombre
qui ont volontairement interrompu, en tems de
guerre, cette efpece de commerce par des confidérations perfonnelles & purement politiques.

Au refte, fi nous examinons le dernier état
de la guerre pour les colonnies de l'Amérique
Septentrionale, nous ne verrons parmi les puiffances de l'Italie que la féréniffime république
de Venife qui ait abfolument défendu la vente
des marchandifes de contrebande fur fon territoire par fa déclaration de neutralité du 9 Septembre 1779 article 6. Quelques autres défen-
dirent feulement la conftruction & la vente des
bâtimens armés en guerre dont nous traiterons
féparément, & le tranfport des articles de contrebande aux ennemis : telle eft la dipofition de
l'édit du Roi de Naples en date du 18 Septembre 1778 article 2 & 3. Gênes par fa déclaration du 1er. Juillet 1779 défendit feule-

ment d'armer en courſe dans ſon territoire. La
Savoye, Trieſt & Raguſe ne firent aucune déclaration, & le Grand-Duc de Toſcane con-
firma l'ancienne pratiqne du port de Livourne
en permettant indiſtinctement la vente impartiale de toute eſpèce de marchandiſe, pratique
fondée ſur le droit impreſcriptible des nations.
Voici les termes de ſa déclaration de neutralité du 1er. Août 1778 art. 16.

„ Le commerce d'armes, de poudre, de mu-
„ nitions & de vivres, continuera d'être per-
„ mis à toute perſonne, & ſur toute eſpèce de
„ navire indiſtinctement dans le port franc de
„ Livourne, où ces différens articles & autres
„ ſemblables ont toujours été librement trafi-
„ qués, & réputés marchandiſes, encore qu'ils
„ puiſſent augmenter les forces des bâtiment
„ déjà armés en guerre ou en courſe. Seule-
„ ment les vaiſſeaux marchands ne pourront
„ s'approviſionner d'artillerie qu'en donnant
„ caution de n'inquiéter perſonne pendant leur
„ voyage, comme nous l'avons ordonné. “
En effet, même avant cette déclaration, le
commerce impartial a toujours joui en Toſcane
d'une liberté indéfinie pendant la guerre : & le
gouvernement a ſoutenu cette maxime du droit
pnblic, avec le courage qu'inſpire le ſentiment
intime de la juſtice, au milieu des circonſtances les plus critiques & les plus périlleuſes.
On en vit un exemple mémorable dans le tems
où le port de Livourne étoit gardé par les troupes Eſpagnoles qui étoient venues pour aſſurer la ſucceſſion du Grand-Duché à l'infant

Dom-Carlos, à préfent Roi d'Efpagne & des Jndes. Le commandant de ces troupes fit plufieurs réclamations, & demanda qu'au moins on fufpendît le commerce avec les ennemis de fon maître. On ne tint aucun compte de fes prétentions, & la liberté fût conftamment & indiftinctement maintenue. Ce fait eft garanti par les pièces authentiques dépofées aux archives du gouvernement de Livourne; il m'a été certiffié par un miniftre fort habile & fort inftruit.

J'ai voulu conftater l'ancienneté de l'ufage adopté en Tofcane fur la vente impartiale des marchandifes de contrebande parce qu'il me femble que Galiani, qui trouve ma doctrine moderne, me foupçonne de l'avoir embraffée moins encore par conviction, que par refpect pour la maxime confacrée dans la déclaration de neutralité de fon alteffe royale, du 1er. Août 1778.

„ Lampredi, dont la fagacité, dit-il, très-
„ obligeamment, auroit bien décidé la quef-
„ tion, l'a étudié peut-être par difcrétion &
„ par des motifs de prudence relatifs au tems
„ où il il a publié fon ouvrage.

Le fait détruit cette conjecture : la maxime étoit adoptée par le gouvernement, elle étoit en vigueur, long-tems avant la déclaration citée : & j'enfeignois cette doctrine dans l'univerfité de Pife, plufieurs années avant de faire imprimer mon cours de droit public. Quoiqu'il en foit, je n'ai pas le mérite de cette prudente réferve, dont on me fait l'honneur : & cette prétendue fageffe qui porte à diffimuler la vérité

rité par refpect humain, ne convient, ni à mon
caractère, ni au gouvernement de Tofcane,
où la liberté de difcuter fes opinions n'a pas
encore reçu la plus légere atteinte.

IX. *Quelles font les marchandifes de contrebande dont les neutres ne peuvent continuer le tranfport chez les belligérans
en tems de guerre, fans courir les rifques
de la faifie & de la confifcation.*

Il eſt conſtant que la guerre ſurvenue entre
deux nations, ne change rien politiquement,
ni moralement à la conduite extérieure d'un
peuple paifible. Non-feulement il peut continuer la vente impartiale de toute efpèce de
marchandifes fur fon territoire, mais il peut en
faire le tranfport par mer chez tous les peuples, même chez ceux qui font en guerre,
fans autres reftrictions que celle qui peut ré-
fulter des engagemens tacites ou formels, d'où
il fuit qu'au lieu de confulter la raifon naturelle, c'eſt dans la raifon écrite, dans les conventions volontairement ſtipulées entre les
peuples, qu'il faut chercher l'origine, la nature & l'efpèce des marchandifes de contrebande.

En confidérant l'efprit des traités qui compofent le droit pofitif des nations de l'Europe
fur le commerce des neutres ; on voit que

Ire. Partie.   E

dans le conflit des droits du neutre & de ceux du belligérant, on a cherché à concilier les intérêts respectifs des parties, en évitant autant qu'il étoit possible d'altérer la liberté générale du commerce. On est donc universellement convenu de qualifier de coutrebande les articles particuliérement & immédiatement destinés aux usages de l'armée. On a généralement stipulé que le belligérant pourrait faire sa visite à bord des bâtimens chargés de marchandises pour l'ennemi, les confisquer ensemble ou séparément (*a*), ou seulement les arrêter selon les cas prévus par les contractans,

---

(*a*) Plusieurs réglemens de marine, & plusieurs déclarations sur la navigation des neutres en tems de guerre, ont adopté la maxime que tout bâtiment chargé de marchandises ennemies ou d'articles de contrebande, tombe en confiscation. V. Valin, comment. sur l'ord. royal, liv. 3, c. 9 & particuliérement à l'art. 7. Abreu, traité des prises sur mer, p. 1, ch. 8, p. 108 & suiv. & c. 9. Cette maxime qui a été long-tems en vogue, tire son origine du droit romain, mal appliqué aux intérêts des nations. Selon les loix romaines, si un capitaine de vaisseau avoit une cargaison d'articles prohibés, non-seulement elle tomboit *in commiffum*, c'est-à-dire, elle étoit confisquée, mais le vaisseau l'étoit aussi. L. 11, §. 12, ff. *de publ. Victigal & commiff.* ,, *Dominns navis* ,, *si illicite aliquid in nave vel ipfe vel vectores impo-* ,, *fuerint, navis quoqae vindicatur.*'' Mais on voit qu'il sagit là d'une regle purement civile, & seulement obligatoire pour les sujets du légiflateur. Cette regle n'est point applicable aux nations. Elle n'en ont pas d'autre à observer que la loi de la nature. Or le droit qui en dérive, se borne à saisir le bien de l'ennemi dans tous les lieux où l'on peut licitement exercer des poursuites hostiles.

& que le fouverain, dont ces bâtimens auroient
arboré le pavillon, devoit fouffrir paifiblement
cette violence, & s'abftenir paifiblement de
protéger la navigation de fes fujets.

Cette convention générale préfente au premier afpect une forte de juftice naturelle. En
effet la néceffité de la défenfe, le droit qu'elle
donne au belligérant d'empêcher l'accroiffe-
ment ou la confervation des forces de fon ennemi, femblent lui conférer ce droit d'invafion
fur la propriété & la liberté d'autrui, que fans
cette circonftance, il feroit tenu de refpecter.
Mais fi l'on réfléchit à la pratique univerfelle
qui étend la pourfuite des marchandifes deftinées à l'ennemi, jufqu'à la confifcation du
bâtiment meme, ainfi que des marchandifes
libres qui fout partie de la cargaifon, lorfqu'elles vont à des places bloquées, affiégées,
ou invefties, fi l'on fait attention que les preneurs ne font obligés à aucune reftitution ni
indemnité : on fera forcé de conclure que des
droits fi rigoureux n'ont d'autre origine que la
convention libre des autres nations. Jamais les
droits de la néceffité ne peuvent aller jufqu'à
prendre le bien d'autrui, & nous l'approprier,
fans nous obliger à le rendre. Nous reviendrons
ailleurs fur cet objet.

Ainfi, puifque toute cette matière de la contrebande eft fubordonnée aux conventions ref-
pectives des peuples, il n'eft pas poffible d'en
déterminer le caractère effentiel, comme on dit
dans les écoles, à *Priori*. On doit s'en tenir
au droit conventionnel des nations, qui feul

peut fixer l'ufage, & confacrer la maxime qu'on fuit actuellement, fans rien prononcer pour ce qui doit s'obferver à l'avenir.

Or il paroît qu'après avoir beaucoup varié, les peuples ont généralement adopté un principe certain, qui conftitue l'effence caractériftique des marchandifes de contrebande, & qu'on doit mettre dans cette claffe uniquement celles qui par leur nature, leur préparation, & leurs propriétés fpécifiques, ne font immédiatement & directement appliquables qu'aux ufages de la guerre, & dans l'art de l'attaque ou de la défenfe publique par mer ou par terre.

En effet dans les tems les plus anciens, ces marchandifes ainfi deftinées, ont été regardées dans les traités public (*a*) fauf quelques exceptions en petit nombre, comme marchandifes de contrebande, & partant fujettes à la faific.

Mais on ne remarque pas cette uniformité relativement aux articles qui dans leur état actuel ne fe trouvant pas propres directement aux ufages de la guerre, peuvent néanmoins le devenir par le moyen du travail & de l'induftrie.

(*a*) Dans l'efpace de plus de trois fiécles, on trouve à peine deux exceptious à cette regle générale dans les traités conclus en Europe. L'un eft celui de Weft-minfter entre Edouard IV, Roi d'Angleterre, & François, duc de Bretagne, du 2 Juillet 1468, où l'on permet le commerce des armes. L'autre eft celui du 6 Août 1661, entre Alphonfe, Roi de Portugal & les Provinces-Unies. Celui-ci eft rapporté par Loudorp, auteur Allemand act. publ. tom. 7, p. 77, & par Dumont, corp-univ. diplom.

Tels font, par exemple, le nitre, le fouffre, le fer, le plomb, le cuivre, le chanvre, la cotonnine, la poix réfine, les bois de conftruction, les madriers & autres chofes femblables, même les vivres & l'argent qui a toujours été regardé comme le nerf de la guerre. En 1604 & en 1630, (*a*) les vivres & l'argent ont été défendus. Dans le traité de marine conclu le 17 Décembre 1650 entre Philippe IV Roi d'Efpagne & les Provinces - Unies, on défigne le falpetre comme article prohibé. Cette maxime a été fuivie, & en 1654 on a mis l'argent & les vivres dans la claffe des marchandifes de contrebande. *Pecuniæ aut commeatus feu victualia* (*b*)

L'année fuivante le miniftère de France changea d'opinion, & dans le traité de Paris du 10 Mai 1655, (*c*) on ftipula que le grain & les vivres ne feroient plus regardés comme articles prohibés. Cette nouvelle maxime fut fuivie dans le fameux traité des Pyrénées du 17 Novembre 1659 & depuis cette époque la France n'a point changé. Mais deux ans après les Rois d'Angleterre & de Suede décidèrent que l'argent & les vivres feroient prohibés. (*d*) Il eft

---

(*a*) Voyez les traités conclu entre l'Efpagne & la France, le 19 Août 1604 & le 15 Novembre 1630, art. 9 & 18.

(*b*) Traité entre Olivier Cromwel & les Provinces-Unies, du 5 Avril 1654, art. 7.

(*c*) Voyez le traité de 1655, dans Leibnitz, cod. jur. gent. diplom., p. 2, page 185.

(*d*) Traité d'alliance & d'amitié entre Charles II,

vrai que bientôt enfuite, ces deux fouverains adoptèrent les maximes de la France. Tous deux dans leurs traités de navigation & de commerce avec les Provinces-Unies en 1674 & 1675 ôtèrent de la claffe des articles de contrebande non feulement l'argent & les vivres, mais encore toute efpèce de métaux, le chanvre, le lin, la poix réfine, les cordes, les voiles, les ancres, & toute efpèce de bois propres à conftruire ou à radouber les vaiffeaux. (e) On vît le même efprit de modération préfider à tous les traités de commerce : & Louis XIV le pouffa plus loin en ftipulant avec la Reine Anne qu'on ne regarderoit plus comme marchandife de contrebande toute efpèce de toile & de bois de conftruction comme *le coton, le chanvre, le lin, la poix réfine, les cordages, les voiles, les ancres, les planches, &c.* comme le porte l'article 20 du traité d'Utrecht du 31 Mars 1713. Mais, douze ans après, c'eft-à-dire en 1725. Philippe V Roi d'Efpagne & l'Empereur Charles VI convinrent qu'on regarderoit de nouveau comme articles prohibés, *le falpètre, les bois de conftruction, les voiles, la poix réfine & les cordages.* Avant cette époque le falpètre avoit été traité en

---

Roi d'Angleterre & Charles XI, Roi de Suéde, du 21 Octodre 1661, confirmé le 16 Févr er 1666.

(e) Voyez le traité de Londre du 1er. Décembre 1674, art. 4, entre Charles 2, Roi d'Angleterre & les Provinces-Unies, & le traité de Stokolm, du 26 Novembre 1675, entre Charles XI, Roi de Suéde & les mêmes provinces.

France comme contrebande, & fpécialement dans le traité de commerce du 28 Septembre 1716 avec les villes Anféatiques.

On remarque dans les traités conclus de nos jours que les idées de juftice & de modération ont fait de grands progrès; prefque toute l'Europe eft d'accord fur le même principe, à l'exception du falpètre & du fouffre. Toutes fois c'eft la France qui la première a introduit les maximes les plus conformes aux intérêts des neutres, & les plus favorables à la liberté de leur commerce. Elle a cherché à y mettre le moins d'entraves qu'il étoit poffible, en déterminant avec précifion le caractère des articles prohibés, dans fon traité d'amitié & de commerce avec les treize états unis de l'Amérique feptentrionale, du 6 Février 1778. Ce traité dit expreffément que ,, *matières quel-* ,, *conques qui n'ont pas la forme d'un in-* ,, *ftrument préparé pour la guerre, par* ,, *terre comme par mer, ne font pas répu-* ,, *tées de contrebande.* "

Cependant par une bifarrerie qu'on peut à peine concevoir; l'article 24 du même traité défigne le falpètre au nombre des marchandifes de contrebande: & dans les traités fubféquent, particuliérement dans celui de neutralité armée conclu en dernier lieu avec la Ruffie, on met auffi le falpètre, & le fouffre dans la claffe des objets prohibés. Il eft aifé de voir que le falpètre n'a pas la forme d'un inftrument préparé pour la guerre, & que par conféquent il n'a pas la qualité déterminée pour caracté-

rifer effentiellement la contrebande. Ainfi, aujourd'hui que les nations les plus éclairées ont
prefque généralement adopté le même principe
que la France, en réduifant autant qu'il étoit
poffible le nombre des articles prohibés, il
me femble qu'on devroit rejetter de cette claffe
le fouffre & le falpètre. Je le penfe avec d'autant plus de raifon, que je trouve une efpèce
de contradiction dans les traités modernes qui,
d'un côté permettent le tranfport de tous les
articles propres à conftruire ou radouber les
vaiffeaux, même le tranfport du fer & du cuivre qui font la matière première des armes &
de l'artillerie, tandis que d'un autre côté ils
profcrivent le falpètre & le fouffre comme in-
grédiens effentiels de la poudre (a). Dès qu'il
eft conftant que ces deux fubftances ne peuvent pas, dans leur état naturel fervir immédiatement aux ufages de la guerre ; elles font
dans la même catégorie que le fer, le cuivre,
le plomb, les ancres, les voiles & les bois de
conftruction, & conféquemment dans la claffe
des articles permis. Quoiqu'on puiffe obferver,

(a) Galiani, L. c. page 348, obferve que le fouffre n'a jamais été compris parmi les marchandifes de
contrebande, quoique fouvent le falpètre ait été regardé comme tel. Cette obfervation n'eft pas exacte :
car le fouffre & le falpètre ont été défignés comme
contrebande, fpécialement dans les traités de 1734 &
de 1766, entre la Ruffie & l'Angleterre, art. 11 & 12.
Le traité de 1766, a été rappellé dans tous les autres traités de neutralité armée, qui ont été conclus
dans ces derniers temps.

comme quelques-uns l'ont fait, que le falpètre & le fouffre s'employent principalement à
la fabrication de la poudre, ce qui n'eft pas
rigoureufement vrai, du moins pour le fouffre;
néanmoins, comme ce n'eft pas une munition
de guerre, proprement dite, il conviendroit
à la modération & à l'équité des nations d'Europe de lever la prohibition fur ces deux articles, & de réduire, fur un principe uniforme,
la lifte des marchandifes de contrebande, aux
feules matières préparées & travaillées fpécialement pour fervir de munitions & d'inftrument dans les guerres de terre ou de mer.

Le fage gouvernement de France qui a eu
la gloire d'appliquer à cette matière obfcure
& délicate les principes de la plus grande modération, devroit accomplir cette œuvre ho-
norable, & l'exemple qu'il en donneroit dans
le premier traité de navigation & de commerce
avec un peuple ami, feroit bientôt fuivi par
les autres nations policées.

X. *Si le pavillon d'une nation amie préferve les biens appartenans à l'ennemi.*

LES mêmes caufes qui ont jetté une fi grande
confufion dans les idées fur les règles de juftice relativement au commerce des peuples paifibles en tems de guerre, ont répandu le même
embarras fur la queftion que nous allons traiter.

Les peuples paifibles réclament leurs droits à la liberté d'un commerce innocent, & en s'abftenant du tranfport des articles de contrebande, il veulent que leur pavillon ferve de fauve - garde aux marchandifes même appartenantes à l'ennemi. Leurs droits au premier coup-d'œil paroiffent fondés en raifon. Cependant fi l'on acquiefce à leur demande, il s'élève une difficulté affez grave. En effet les belligérans de leur côté ne manqueront pas de dire qu'ils ont un droit parfait & inviolable à la pourfuite & à la prife des biens appartenans à l'ennemi, à tout ce qui peut l'affaiblir, & le ramener à des fentimens de paix. Vous objecterez que vous pouvez freter votre bâtiment à qui bon vous femble : d'accord, pourvu que vous ne bleffiez, ni les intérêts, ni les droits d'autrui. En exerçant les fiens le belligérant ne vous fait au fond qu'un léger dommage, puifqu'en troublant un peu votre navigation, en vous faifant configner les marchandifes de l'ennemi, il vous en paye le frêt fur le même pied que le propriétaire. D'ailleurs vous avez couru ce rifque volontairement en prennant à bord des articles de cette efpèce ; en un mot s'il en réfulte quelqu'atteinte à la liberté de la navigation, il ne faut imputer cet inconvénient qu'aux malheurs de la guerre, & non à la mauvaife volonté du belligérant qui ufe d'un droit parfait. Néanmoins fi en fe refufant à la prétention des neutres on décide que les marchandifes de l'ennemi trouvées à bord de leurs bâtiment font de bonne prife, on tombe, au moins en apparence, dans une contradiction manifeste : car , (*a*) après leur avoir permis le tranfport de leurs marchandifes, & de celles des peuples paifibles, pourvu qu'elles ne fuffent pas de contrebande , on ne fauroit alléguer une raifon plaufible pour leur interdire le tranfport des mêmes articles quand ils appartiennent à l'ennemi. Dans l'un & l'autre cas il s'agit toujours de pourvoir à fes befoins , d'augmenter ou de conferver fes forces, & de le mettre en état de prolonger la guerre. On ne voit pas quelle influence peut avoir la qualité du propiétaire fur les effets de telle ou telle denrée, ni comment le rapport moral de la propriété pourroit changer la fubftance & la nature des marchandifes. Quand cette diftinction y changeroit quelque chofe, autant vaut qu'elles appartiennent actuellement à l'ennemi, que d'être deftinées à lui appartenir auffi-tôt qu'elles auront été livrées à l'acheteur.

Aiufi puifque vous croyez pouvoir faifir une cargaifon de grains appartenantes à l'ennemi trouvée à bord d'un bâtiment neutre pourquoi ne pas faire également la faifie, ou du moins empêcher le tranfport d'une cargaifon de même nature qui pendant le trajet appartient à des amis, mais qui une fois entrée dans le port de vos ennemis va devenir leur propriété ? Et fi

---

(*a*) Je remarque en paffant , que cette contrad ction eft fondée fur la fauffe fuppofition que les neutres peuvent porter aux ennemis leurs marchandifes, lefquelles ne font point de contrebande , fuivant le droit général & primitif des nations & non pas en vertu de leurs conventions expreffes ou tacites.

dans ce dernier cas le neutre vouloit repouſſer votre violence, en vous diſant qu'elle attaque la liberté d'un commerce innocent, pourquoi ne lui répondriez vous pas que c'eſt une ſuite de la triſte néceſſité de la guerre ?

Il y a bien plus de contradiction & d'injuſtice apparente à déclarer légitime la priſe des marchandiſes de l'ennemi trouvées à bord des bâtimens amis qui ſont expédiés a des nations neutres. Si l'on juge ces articles de bonne priſe parce que devant être échangés contre de l'argent ou d'autres articles, il en réſulte une augmentation de force dans la maſſe de la nation, je demande encore comment le belligérant pourra empêcher le tranſport direct des mêmes objets à l'ennemi, tranſport qui tend plus directement aux mêmes fins : je dis plus directement, parce que le neutre approviſionne immédiatement la nation en guerre, tandis que le négociant ſujet d'une puiſſance en guerre ne peut rien expédier à l'ennemi qu'après un long trajet qui lui éſt néceſſaire pour avoir à bord d'un bâtiment neutre le retour de pluſieurs cargaiſons. Ainſi plus on approfondit la matière plus la difficulté augmente, & il ne paroît pas qu'il y ait moyen d'en couper le nœud.

La queſtion qui réſulte du conflit des droits du belligérant & du neutre, eſt également inſoluble, ſi l'on conſulte le droit volontaire & conventionnel des nations d'Europe. Dans leurs traités d'alliance & de commerce conclus de ſens froid & en pleine paix, on les voit embraſſer tour à tour un ſyſtême différent, ſelon qu'elles étoient plus ou moins occupées des intérets du commerce, ou des besoins de la guerre ; & sur ce point le droit positif des peuples est encore extrêmement douteux & incertain.

Ces traités ne sont pas en grand nombre jusqu'à l'époque où les peuples commencèrent à donner quelqu'attention aux avantages de la navigation & du commerce long-tems négligés & presqu'entièrement oubliés, lorsqu'ils étoient en proie aux factions, aux guerres intestines, & énivrés de l'esprit de conquète. Le plus ancien traité où il soit fait mention du présent article est celui de 1406, déjà cité entre Henri IV, Roi d'Angleterre, & Jean Sans Peur duc de Bourgogne, où il est convenu que le pavillon ami ne préserve pas les biens de l'ennemi. „ Les marchans, maisters de niefs, „ mariniers dedit pays des Flandres, ou demeurant en Flandre, ne amesneront pour „ fraude ne coleur quelconque aucuns biens „ ou marchandises des ennemis des englis par „ mer, & en cas qu'ils en soient demandés „ par aucuns escumeurs, ou autres gens de la „ partie d'Angleterre, eux en feront juste & „ pleine confession. " Les Anglois & les Flamands prennent les mêmes engagemens, & s'obligent respectivement à remettre les marchandises à l'armateur, qui les aura trouvées. Cet article a été transcrit dans les traités subséquens, & l'on s'y est universellement conformé, comme on peut le voir dans les traités conclus entre Henri V, Roi d'Angleterre, & quelques villes de Flandre & du Brabant, en 1446, dans celui d'Henri VI, son successeur avec la république de Gènes, en 1460, dans ceux d'Edouard IV, & du duc de Brétagne, en 1468, d'Henri VII, & du duc de Brétagne, en 1486, d'Henri VII, & de Philippe archiduc d'Autriche, duc de Bourgogne & du Brabant en 1495, je crois devoir citer le texte du traité, de 1460, où il est dit que le fret de marchandises ennemies doit etre remboursé aux neutres. ,, *Nec* ,, *caricabunt aut portabunt in navigiis eo-* ,, *rum supradictés bona aut mercimoni ali-* ,, *cujus inimici nostri, aut inimicorum nos-* ,, *trorum, & casu quo fecerint, petiti, &* ,, *interrogati per nostros dicti jænuenses de-* ,, *bent, immediate, & sine dilatione, (me-* ,, *diante juramento suo; cui subditi nostri* ,, *fidem debent) veritatem dicere & fæleri* ,, *quæ & qualia bona inimicorum nostro-* ,, *rum vel inimici ducent in navibus suis,* ,, *& illa sine difficultate tradere, & déli-* ,, *berace capitancis, vel ducentibus navi-* ,, *gia nostra pro custodia maris, vel aliis* ,, *subditis nostris quos obviare contigent na-* ,, *vibus dictorum sanvensium ubicumque su-* ,, *per mare, recipiendo prorata, nanti,* ,, *sive affrectamenti hujus modi mercium* ,, *inimicorum &c.* ,, L'Angleterre étoit alors en guerre contre la France, & les Génois contre Ferdinand, Roi de Sicile & d'Arragon. Dans les autres traités on a prévu le cas où le capitaine feroit une fausse déclaration, & on en a fixé la peine au payement de la valeur des marchandises fraudées.

Cette maxime fût tellement adoptée en Europe durant un siècle entier qu'elle eut force de loi, comme pratique univerfelle, & fût à ce titre inferrée dans l'ancien livre intitulé *Confulat de Mer*, livre qu'on peut regarder comme la collection des loix, coutumes, pratiques & ufages en vigueur, au tems où il fut compofé, chez touttes nations maritimes & commerçantes. Mais en 1604, cette maxime qui avait déja éprouvé quelque changement, fut abandonnée par l'Empereur des Turcs. Il convint avec Henri IV, Roi de France, que fon pavillon pourroit préferver de la faifie les biens de l'ennemi. Voici les paroles du traité, art. 12. ,, Voulons & commandons que les marchan- ,, difes qui feront chargées à nollis fur vaif- ,, feaux français, appartenans aux ennemis de ,, notre porte, ne puiffent être prifes fous ,, couleur qu'elles font de nos dits ennemis, ,, puifqu'ainfi eft notre vouloir." Huit ans après le Sultan Achmet accorda le même privilège aux Provinces Unies avec encore plus d'étendue, puifqu'il affranchit de la faifie les biens des amis trouvés à bord d'un bâtiment cor- faire (*a*). Les peuples commerçans applaudi- rent aux difpofitions du grand Seigneur, en faveur de la liberté de fes amis : & dès les pre- mières années du régne de Louis XIV. Il fut convenu dans prefque tous les traités que le pavillon ami préferveroit les marchandifes ap- partenantes à l'ennemi. C'eft ce qu'on peut

---

(*a*) Aitzema, tom. 1, p. 331,

remarquer dans ceux de 1646, entre la **France**
& la Hollande, art. 14 de 1654, entre Cromwel & le Portugal, art. 23 de 1655, entre la
France & les villes Anféatiques, art. 2 & 3,
de la même année, entre la France & l'Angleterre, art. 15 de 1656, entre l'Angleterre &
la Suede, art. 19 de 1661, entre le Portugal
& les Provinces-Unies, art. 12 de 1662, entre les mêmes provinces & la France, art. 35
de 1668, entre l'Angleterre & les Provinces-
Unies, art. 10 de 1674, entre les mêmes nations, art. 6 & 7 de 1675, entre la Suéde &
les Provinces-Unies, art. 6 de 1677, entre
l'Angleterre & la France, art. 6 & ainfi de
fuite, avec une admirable & conftante uniformité jufqu'en 1716. A cette époque, la France
conclût avec les villes anféatiques d'Hambourg,
Lubec & Brême, un traité long & circonftancié
où revenant à l'ancienne maxime, on convint,
art. 15, que le pavillon ami ne préferveroit
pas les biens de l'ennemi, & quelques années
après, dans un traité de la même efpèce avec
les Provinces-Unies en 1739. La France convient, art. 23, que le pavillon ami préfervera
les biens de l'ennemi, pourvu qu'il n'y ait pas
de marchandifes de contrebande, exception
toujours entendue dans le tems même où cette
regle étoit généralement fuivie en Europe.

Néanmoins au mépris de tous ces traités &
de la liberté accordée aux neutres; les Princes mêmes qui les avoient foufcrits, fe font
joués à leur gré de leur propre convention,
quand ils ont été en guerre; ils ont publié des
réglemens

réglemens & des ordonnances de marine, qui
permettoient aux corfaires de prendre les marchandifes des ennemis, trouvées à bord des
bâtimens neutres. Ils ont impofé aux neutres
eux-mêmes d'autres loix attentatoires à la liberté du commerce, & fouvent contraires à la
foi des traités. Enfin, dans les derniéres guerres, depuis 1740 jufqu'à nos jours, on eft re-
venu à l'ufage ancien, & l'on a pris fans diftinction les cargaifons ennemies fur des vaiffeaux neutres. Delà les doléances, les plaintes
multipliées & répétées dans différens écrits,
fpécialement faits pour défendre, fur ce point,
la liberté du commerce. Plufieurs nations ont
voulu l'obtenir de gré-à-gré, mais la généreufe
Autocratrice de toutes les Ruffies, a manifefté
le deffein d'exiger cette liberté comme un droit,
& de la foutenir avec les forces réunies de tous
les peuples qui avoient embraffé fon projet de
neutralité armée. Les treize états-unis d'Amérique, l'ont obtenue volontairement de la
France & de la Suéde dans les traités de 1778
& 1782, & de quelques autres peuples, avec
lefquels ils ont fait des traités de commerce;
mais je ne voudrois pas répondre qu'à la première déclaration de guerre, cette liberté ne
leur fut ravie, par ceux même qui la leur ont
permife, en prenant pour prétexte le droit de
la néceffité qui fufpend toute convention. Plufieurs nations (*a*) ont accédé à la déclaration

---

(*a*) S. M. l'Empereur, les feigneurs Etats-généraux
de Provinces - Unies, S. M. le Roi de Dannemark,

Ire. Partie.   F

de l'Impératrice de Ruſſie du 28 Octobre 1780,
dont le principal but eſt d'établir en principe,
que le pavillon ami préſerve les marchandiſes
de l'ennemi, pourvu qu'elles ne ſoient pas de
contrebande ; mais juſqu'à préſent l'Angleterre
& l'Eſpagne s'en ſont rapportées ſur ce point
à leurs conventions particulières, & au droit
général des nations.

Ainſi, juſqu'à préſent les loix factices &
conventionnelles n'ont pas établi de regle con-
ſtante & uniforme, qui puiſſe tarir la ſource
des plaintes ſi ſouvent occaſionnées par le conflit de deux droits également naturels & parfaits. Mais on peut examiner en quoi ils con-
ſiſtent, & par ce moyen applanir aux nations
la route qu'elles doivent tenir pour ſtipuler
leurs droits reſpectifs, de la manière la plus
conforme aux principes de l'équité, à la con-
ſervation de leurs intérêts & aux lumières de
la raiſon univerſelle.

La maxime qu'on voudroit établir, que le
pavillon ami préſerve la cargaiſon ennemie ſauf
le cas de la contrebande, préſente, il faut en
convenir, une vue noble, magnanime, infini-
ment favorable aux neutres, & à l'indépendance
du commerce. Il eſt à ſouhaiter que toutes les
grandes nations ſans en excepter une, adoptent
par un vœu unanime ce beau principe de modération. Mais il doit être permis à un homme

<hr>

S. M. la Reine de Portugal, S. M. le Roi de Pruſſe,
S. M. le Roi de Naples, S. M. le Roi de France,
dont les traités ſont rappellés dans l'appendix.

impartial d'examiner fi les nations qui ne croi-
roient pas devoir s'y conformer, blefferoient
le droit des gens, & feroient une injuftice naturelle en continuant de prendre les biens de
l'ennemi à bord des bâtimens neutres , aucun
engagement particulier ne les obligeant à s'en
abftenir. Quant à moi , je trouve que cette
maxime ne dérive ni du droit rigoureux de la
nature, ni du droit primitif & général des nations. Premiérement, parce que les raifons fur
lefquelles on prétend l'appuyer ne me paroiffent pas convaincantes. Sécondement , parce
que les contradictions alléguées entre la prohibition & la liberté accordée aux neutres font
feulement apparentes, à en juger par la pratique des peuples, & la doctrine des publiciftes.
Troifiemement, parce que la faculté de préferver les effets de l'ennemi avec un pavillon neutre, eft diamétralement oppofée aux droits des
belligérans, qui font inconteftables & fondés
fur le droit des gens.

Hübner, plus qu'aucun autre écrivain, s'eft
déclaré en deux endroits de fon livre en faveur
de la maxime dont il s'agit. Il a raffemblé tous
les raifonnemens qu'il croyoit les plus concluans
pour en démontrer la juftice & la vérité. (a)
D'abord il employe un argument négatif ;
,, fi les belligérans, dit-il, ont le droit qu'ils
,, prétendent, il ne peut être fondé que fur
,, leur état, ou fur celui des neutres, ou fur

____

(a) De la fa fie des bâtimens neutres, ch. 8, fect. 1,
p. 145 & fuiv., fect. 2, ch. 2, §. 5, p. 22 & fuiv.

,, leur pouvoir local. Ce n'eſt pas ſur leur état
,, originaire , puiſque les ſouverains ſont in-
,, dépendans, & qu'aucun d'eux n'a de juriſ-
,, diction ſur les ſujets de l'autre, au point de
,, reſtreindre ou d'arrêter leur commerce : ce
,, n'eſt pas ſur leur état de guerre, puiſqu'il
,, n'en réſulte aucun droit au-delà des biens
,, ou de la perſonne de l'ennemi. Et ſans autre preuve de cette propoſition, il en tire la
conſéquence que le droit de priſe n'eſt fondé
ni ſur l'état originaire des peuples ni ſur l'état
ſécondaire des belligérans. Mais nous prouve-
rons bientôt que c'eſt préciſément de cet état
ſécondaire que dérive le droit dont il s'agit.

,, Il n'eſt pas fondé, continue Hiibner, ſur
,, l'état ordinaire ou actuel des neutres, par-
,, ce que comme peuples ils ne ſont ſou-
,, mis à aucun neutre, & comme neutres ils
,, ſont obligés de ne prendre aucune part à la
,, guerre, mais nullement de reſtreindre leur
,, navigation ou leur commerce. ,, Cependant
il ne tire aucune concluſion de ce raiſonnement.

Quant au pouvoir local, il n'a pas beſoin de
preuve ſur cette partie de ſon aſſertion. Perſonne n'a imaginé de donner une telle baſe au
droit de priſe : on ſait d'ailleurs qu'on n'a jamais parlé que des priſes faites en pleine mer,
où nul ſouverain n'a de juriſdiction.

Hiibner reprend la queſtion dans un autre
endroit, & voici de quelle maniere il ſoutient ſa
propoſition. ,, Les devoirs des neutres ſe ré-
,, duiſent, dit-il, à deux points : une inaction

,, abfolue relativement à toutes les opérations
,, de la guerre & une impartialité parfaite dans
,, tout le refte de leur conduite. Or ils ne manquent ni à l'une ni à l'autre de ces obligations,
en frêtant leurs vaiffeaux pour tranfporter des
articles non prohibés, dont il doit leur être
permis de recevoir à bord une cargaifon appar-
tenante à l'ennemi, pourvû qu'il n'y ait pas
de contrebande de guerre. Nous penfons ainfi,
fans néanmoins en conclurre que leur pavillon
puiffe préferver de la faifie les articles appar-
tenants à l'ennemi.

Mais, dira-t-on, les neutres ont le droit de
vendre leurs denrées, & de frêter leurs navires à qui bon leur femble. Il y a donc une injuftice criante à les empêcher d'ufer de ce droit,
& à exécuter contre eux une violence qui les
réduiroit à mourir de faim, fi le commerce de
fret fe trouvoit une de leurs principales reffources pour vivre. Je réponds à cela que le
belligérant eft le feul juge du droit qui lui appartient de nuire à fon ennemi & de l'affoiblir
autant que fa défenfe l'exige. (*a*) Or s'il croit

(*a*) Néanmoins Hübner ne le nie point. Voici comme
il s'explique, v. 186. — Les nations belligérantes ont
le droit de nuire à leurs ennemis de toutes les façons
autant que le but légitime de toute guerre l'exige, &
conféquemment celui d'empêcher que ces mêmes ennemis ne foient fortifiés, puifqu'un renfort quelconque
pourroit reculer le rétabliffement de la paix : bien entendu cependant que l'exercice de ce dernier droit ne
bleffe pas les droits parfaits & inconteftables des nations amies.

devoir interrompre ſon commerce avec les autres nations pour détourner la ſource des ri-
cheſſes qui ſont l'aliment des paſſions & le nerf
de la guerre, peut-on s'y oppoſer ſans lui faire
un tort grave, une injuſtice manifeſte ? N'eſt-
ce pas bleſſer viſiblement ſes droits que de ti-
rer des marchandiſes des ports ennemis, d'y
introduire le retour des autres ports, & de vouloir protéger ſes propriétés à l'ombre d'un pavillon ami ?

Voilà ce qu'on pourrroit dire pour & contre
ce moyen préſervateur : mais cela ne ſuffit pas
pour donner une ſolution convaincante en faveur du neutre ou du belligérant. Tous ces
raiſonnemens ne détruiſent pas les contradictions que j'ai fait remarquer & qui paroiſſent
inconciliables. Il reſte toujours l'objection des
neutres ſur le droit qu'ils ont de faire valoir à
leur gré leur induſtrie & leur bien, ſans ſe mê-
ler des opérations de la guerre. La vérité eſt
une, & dans les choſes morales il faut abſolument qu'on la découvre. Il ne s'agit que de
prendre le chemin qui nous y mene directement.

Ceux qui ont traité cette matiere ont pris le
change ; ils ont tourné autour du but ſans y
atteindre. Dirigés par une fauſſe lueur qui n'é-
toit ni les ténébres, ni la lumière, ils n'ont eu
qu'une marche incertaine, mal aſſurée, trom-
peuſe, & quand ils ont voulu montrer aux autres la vérité qu'ils ſe flattoient d'avoir apperçue, ils ont reconnu, à leur grand étonnement,
qu'ils n'avoient ſaiſi que ſon ombre.

En un mot, & c'eſt la ſource de toutes les méprifes, ils ont confondu enſemble deux queſtions très-différentes. La première eſt de ſavoir ſi les belligérans peuvent interdire aux neutres le commerce d'économie qu'ils faiſoient avant la guerre, & les empêcher de frêter leurs navires aux ennemis. La ſeconde, ſi le pavillon neutre préſerve les marchandiſes de l'ennemi, ou ſi le belligérant peut prendre les effets de l'ennemi trouvés à bord d'un bâtiment neutre.

Chacune de ces queſtions eſt abſolument indépendante de l'autre, chacune doit ſe réſoudre par des principes qui lui ſont propres excluſivement. On peut décider l'une par l'affirmative & l'autre par la négative ſans tomber en contradiction, & vouloir les traiter enſemble, c'eſt s'engager dans un labyrinthe inextricable ſans eſpoir d'en ſortir, comme on a fait juſqu'à préſent.

Je vais donc propoſer de nouveau ces deux queſtions très-diſtinctes. Eſt-il permis aux neutres de frêter leurs navires pour le commerce des belligérans? Celà eſt très-licite, pourvu qu'ils ne portent point aux ennemis d'articles de contrebande. Voilà ce que je réponds avec toutes les nations d'Europe. Jamais elles n'ont prétendu aſſujetir les neutres à ſe priver d'un commerce paiſible qui n'a aucun rapport à l'état actuel de la guerre : & qui ne bleſſe en rien les loix de la neutralité. Ces loix leur défendent de prendre part à la guerre, mais elle ne les obligent pas de ſacrifier leurs droits naturels, de renoncer au produit légitime & néceſſaire de leur induſtrie en abondonnant leurs relations de commerce antérieures avec les belligérans. Aucun peuple en guerre n'a jamais élevé cette prétention contre les neutres ; & la queſtion dont il s'agit n'en fut jamais une à proprement parler, ou du moins elle a été décidée par la pratique univerſelle qui permet toute eſpèce de commerce direct & immédiat, ou indirect, & par commiſſion avec les nations en guerre. Paſſons à la ſeconde queſtion.

Eſt-il permis aux belligérans d'arrêter ſur leurs côtes ou en pleine mer les bâtiment neutres, peuvent-ils en faire la viſite & ſaiſir légitimement les marchandiſes de l'ennemi trouvées à bord ? Je réponds qu'ils le peuvent légitimement en payant le fret au capitaine, & en le dédommageant du rétard ainſi occaſionné dans ſa navigation.

Il eſt certain que le belligérant a le droit de ſaiſir & de confiſquer le bien de ſon ennemi, comme nous l'avons déjà obſervé, pour l'affoiblir & le réduire à la paix. L'exercice de ce droit eſt légitime par-tout où les actes d'hoſtilité ſont permis ſuivans le droit des gens, c'eſt-à-dire ſur le territoire du belligérant, ſur celui de l'ennemi, & par-tout ailleurs où la juriſdiction n'appartient à perſonne. On pourroit en inférer que la priſe eſt bonne en pleine mer. (*a*) Mais d'un autre côté les neutres répondent, que ſe trouvant dans des parage indépen-

---

(*a*) Heinecc., l. c. chap. 2, §. 9.
Henric. Cocc., l. c. §. 34.

dans , ils doivent être confidérés comme des hommes étrangers à toutes les nations , & dans le fimple état de nature : qu'alors ils ne font pas obligés de fouffrir fur leur bord , une vifite vexatoire qui blefferoit ouvertement leurs droits inviolables. Voilà précifément le point de la difficulté qu'on a négligé d'éclaircir. Il y a deux droits en conflit. Celui du belligérant fur les biens de l'ennemi , s'ils fe trouvent dans un territoire qui ne reconnoît la jurifdiction de perfonne ; celui des neutres qui confifte à n'être pas troublés dans leur navigation paifible & légitime. Ces deux droits font également juftes & bien fondés ; Mais fi le pavillon neutre & ami couvre les biens de l'ennemi , le droit de prife qui eft évident demeure fans effet ; fi au contraire le pavillon ne les couvre pas , les neutres font privés à force ouverte d'un droit également évident , & ils font injuftement troublés dans leur navigation au mépris des loix de neutralité. Ainfi l'exercice fimultané de ces deux droits eft impoffible , & l'un entraîne l'exclufion de l'autre. Que demande alors la juftice , & le droit public des nations ?

Dans ce conflit de droits , une loi inviolable de la nature veut qu'on fufpende celui dont l'inexécution n'occafionne qu'un dommage facile à reparer ; & dont l'exercice produiroit des maux irréparables , ou des pertes dont le dédommagement feroit très - difficile & difpendieux. Un fleuve pret à fe deborder menace d'une deftruction prochaine l'efpoir des cultivateurs dans une plaine immenfe. Je vois à ma portée un

magafin de planches qui ne m'appartient pas ,
je m'en empare fans héfiter , je les employe à
fortifier la tête de la digue , j'empeche le dé-
bordement, je preferve d'une inondation funefte les campagnes voifines , & je fauve la moif-
fon. Le maître des planches , pourvu que je
lui en rende la valeur, ne peut pas fe plaindre
de ce que j'ai bleffé fon droit de propriété.

Dans une extreme difette , j'expedie des navires en pleine mer avec ordre aux capitaines
d'arrêter tous les bâtiment chargés de vivres
& de les amener dans-mes ports ; j'attaque la
liberté & la proprieté , deux droits facrés dans
le cours ordinaire des chofes : mais par ce moyen
je fauve la perte irréparable d'une multitude ,
& je dédommage les proprietaires des bâtiment
faifis, de manière qu'ils n'eprouvent aucun pre-
judice de cette violence neceffaire , & du re-
tatd de leur commerce.

Or quelle eft la perte qui refulte pour les
neutres du trouble momentané de leur navigation ; Aucune, fi ce n'eft le retard occafionné
par la vifite du vaiffeau, & la remife des effets
appartenant à l'ennemi. Dans tout le refte, le
belligérant conferve un refpect religieux pour
l'indépendance & la liberté des peuples amis,
fuivant le droit coutumier des nations, fuivant
leur droit univerfel, unique régulateur de leur
conduite. Il paye le fret au meme taux que l'auroit payé le proprietaire des marchandifes ennemies, & après leur confifcation il laiffe le navire en pleine liberté. Il faut de plus obferver
qu'en recevant fur leur bord des articles de cette

efpèce, les neutres fe font volontairement expofés au retard qu'entraîne une faifie legale,
d'où il fuit qu'ils ne peuvent l'imputer qu'à
eux - memes, & non au belligérant qui exerce
un droit parfait. Mais comme, en dernier ana-
lyfe, les neutres ont auffi le droit parfait de
porter toute efpèce de cargaifon indiftinctement,
excepté la contrebande, c'eft ce conflit feul
qui les expofe innocemment à être arrêtés : &
par cette raifon il me femble de toute juftice
que le belligérant les indemnife du retard occafionné par une prife légitime.

Voyons à préfent quelle perte feroit le belligérant s'il étoit privé de fon droit de prife
fur les biens de l'ennemi à bord des bâtimens
neutres. La néceffité l'oblige à diminuer toutes les reffources du parti oppofé, à lui ravir
tous les moyens d'attaque & de defenfe, pour
accelerer la paix. Tout furcroit de force qui
peut fervir à prolonger la guerre, augmente la
deftruction, verfe des flots de fang, & entraîne
des pertes irréparables. On peut évaluer le tort
qu'éprouvent les neutres par la fufpenfion de
leur droit, on peut les indemnifer facilement
du léger facrifice qu'ils font de leur indepen-
dance aux calamités de la guerre. (*a*) Mais le

(*a*) Souvent le belligérant pourroit alléguer pour fe
difculper, les paroles que Didon addreffoit aux Troyens
en les renvoyant de fes parages :

„ *Res dura & regni novitas me talia cogunt*
„ *Moliri, & late fines cuftode tueri.*

Coccius, dans fes differtations, §. 24, établit fur le
droit de l'irrififtible néceffité, la juftification de plufieurs actes d'hoftilité, dirigés contre les amis.

droit du belligérant n'eſt ſuſceptinble ni d'ap‑
préciation, ni d'aucun dedommagement.

. C'eſt donc une diſpoſition conforme aux loix
de la nature que le premier de ces droits ſoit
ſuſpendu, & que l'autre ſoit en vigueur à con‑
dition, comme nous l'avons dit, de réparer le
dommage : & c'eſt avec raiſon qu'on a repris
de nos jours l'uſage ancien (*b*) generalement
adopté par toutes les nations. Je ne pretends
pas qu'il n'y ait quelquefois des armateurs qui
portent l'exercice de leur droit juſqu'à la ty‑
rannie, en multipliant ſans néceſſité leurs vexa‑
tions contre les bâtimens paiſibles ; je n'entends
pas juſtifier l'abus de la force qui la rend de‑
teſtable ; mais je dis que ce droit eſt juſte : que
les longues & nombreuſes declamations qu'il
a fait naître, & dont il eſt encore aujourd'hui
l'objet, ſont abſolument deraiſonnables. J'ajou‑
terai que dans ce ſiècle, appellé je ne ſais trop
pourquoi le *ſiècle des lumières*, nous ſommes
revenus à la pratique des tems anciens où l'on
ſuivoit à la rigueur les règles du droit des gens:
Tant il eſt vrai que la juſtice eſt éternelle, &
que nous ſommes toujours ſoumis à ſon empi‑
re, quand nous ne ſommes pas egarés par la
manie de paroître plus ſages & plus habiles que
nos pères, ou enivrés d'un eſprit de préſomp‑
tion avec lequel on n'a jamais rien fait de bon
ni de juſte.

(*b*) V. le Conſulat de mer, c. 263. On ſcait que
les regles énoncées dans le conſulat de mer, ont été
généralement adoptées depuis huit ſiécles.

Arrêter un navire pour confifquer les marchandifes de l'ennemi , ou defendre qu'on ne faffe avec lui le commerce de fret & de commiffion, font deux actes abfolument diftincts , qu'on a mal à propos confondus. On feroit fondé fans doute à fe plaindre d'une pareille prohibition : mais elle eft chimérique , ainfi que nous l'avons vu. Les neutres peuvent après la confifcation faire de nouvelles opérations avec l'ennemi, fans être troublés dans l'exercice de ce droit dont ils confervent toute la pleinitude. Ils n'ont donc pas fujet de fe plaindre. Mais , dira-t-on pour eux , la crainte de la faifie allarme tellement les ennemis, qu'ils fufpendent leur commerce, & qu'ils ne frêtent plus de vaiffeaux neutres ou du moins bien rarement. C'eft, je le repète, une trifte conféquence de la guerre ; on ne doit pas s'en prendre au belligérant. Celui-ci n'eft pas obligé de fouffrir impunément une injuftice, & de renoncer à la révendication de fes droits contre une ufurpation manifefte, par ménagement pour les intérêts d'un tiers à qui fa defenfe naturelle peut-être nuifible. Autant vaudroit dire qu'un particulier n'a pas le droit d'ouvrir un puits fur fon terrein , parce qu'il coupera peut-être un filet d'eau qui fournit la fontaine de fon voifin, ou qu'il ne pourra pas réclamer fon héritage contre un détenteur de mauvaife foi , parce qu'il en réfultera la ruine de deux ou trois créanciers à qui ce poffeffeur franduleux n'aura pas donné d'autre hypothèque. Nous nous arrêtons aux règles du droit écrit : celles que la vertu peut prefcrire n'entrent pas dans le plan de notre differtation.

Au refte il n'y a point de droit parfait dont l'exécution ne foit importune & préjudiciable à quelqu'individu. Si j'exhauffe ma maifon, j'ote du jour à mon voifin : fi je fais enclorre mon héritage, voilà une gêne pour le paffage des propriétaires limitrophes. Si je porte mes denrées au marché, je fais baiffer le prix des autres qui trouvent moins d'acheteurs. Si j'entreprends un certain commerce, je diminue le bénéfice que faifoit un tiers en poffeffion du même trafic : ainfi du refte. Mais ces inconvéniens relatifs à quelqu'individu ne fauroient empêcher l'exécution de mes droits, à moins d'une extrême néceffité, ou d'un conflit, & fauf les conditions ci-devant déduites. Les neutres eux-mêmes nuifent aux nations belligérantes, en ufant de leur droit naturel de continuer avec elles leur commerce accoutumé ; plufieurs vaiffeaux neutres chargés de marchandifes ennemies, peuvent échapper à la vigilance des navires armés en courfe. Mais ce droit n'en eft pas moins jufte. Cette réflexion me conduit à faire difparoître les contradictions que j'ai rélevées. S'il eft permis, dit-on, de prendre le bien de l'ennemi par-tout où on le trouve, même fur les bâtimens neutres au mépris de leur liberté, pourquoi n'eft-il pas permis de les arrêter lorfqu'ils tranfportent leurs propres marchandifes chez l'ennemi? Cette importation qui eft un furcroit de forces pour l'un, ne devient-elle pas une fource de maux irrépara-

bles pour l'autre ? Pourquoi interdire le premier de ces actes, & permettre le fecond. Comment la néceſſité de votre défenſe n'opere-t-
elle pas les mêmes effets dans les deux cas ?
Voici, ſelon moi, la raiſon de la différence :
la perte des priſes tombe preſque toute entière
ſur les ennemis, & la perte légère qui en réſulte pour les neutres eſt facile à réparer : au
lieu que ceux-ci ſupporteroient ſeuls toute la
perte, ſans aucun eſpoir de dédommagement
s'ils étoient privés du droit de continuer leur
commerce avec les nations actuellement en
guerre. Que s'il étoit poſſible d'indemniſer
équitablement d'un pareil ſacrifice, je ne dou-
terois pas que les belligérans n'euſſent le droit
d'arrêter tous les vaiſſeaux neutres chargés de
marchandiſes utiles à l'ennemi, en offrant par
exemple de les acheter au comptant, (*a*) ou
en cas d'échange en fourniſant les mêmes articles au même prix & aux mêmes conditions :
mais l'un de ces deux moyens entraîneroit une
dépenſe qu'aucune nation ne pourroit ſoutenir,
l'autre ſeroit moralement impoſſible, nulle cargaiſon ne pouvant être aſſortie de tous les articles néceſſaires; d'où il ſuit que dans le conflit de deux droits parfaits, on maintient celui

---

(*a*) Henri Coccius, dans ſa differtation *ee Jure
belli in amicos.* Diſput. curioſ. tom. 2, diſput. 2, §, 32,
indique cette vérité, en obſervant que ſi le belligérant
trouve un vaiſſeau neutre marchand au pays ennemi,
& qu'il offre d'acheter la cargaiſon à juſte prix, le capitaine doit y conſentir.

dont la fufpenfion entraineroit une perte abfolument irréparable.

Cette raifon décifive à laquelle je ne crois pas qu'on puiffe répliquer, m'a toujours convaincu (*a*) qu'il n'y a aucune contradiction réelle entre les deux loix, dont l'une permet la prife des effets de l'ennemi fur les bâtimens neutres, tandis que l'autre permet aux neutres le tranfport & la vente de leurs marchandifes aux ennemis. Ces deux loix doivent être regardées comme des regles inviolables pour les nations belligérantes, & pour les peuples paifibles pendant la guerre : elles font toutes les deux également fondées en raifons; elles confervent à la fois les droits du belligérant & les droits des neutres. Ceux-ci doivent comprendre que fi leur commerce de fret éprouve quelques avaries, ce n'eft point aux hommes qu'il faut les imputer, mais aux triftes circonftances de la guerre, dont les défaftres fe partagent dans une proportion plus ou moins forte entre toutes les nations commerçantes. Les malheurs que ce fléau traîne à fa fuite font encore plus généralement fentis par les peuples qui, avant la guerre furvenue entre deux ou plufieurs puiffances, trafiquoient habituellement avec elles. Ils n'en reçoivent plus la même quantité d'expédition ni le même nombre de

commiffion

(*a*) Voyez mon traité du droit public univerfel ze. partie, chap. 13, §. 7, n. 2, pag. 283, feconde édition.

commiſſion. Le commerce languit & les marchandiſes préparées reſtent en ſtagnation dans les
magaſins des neutres, ainſi privés des intérêts
de leurs avances. Ils ſeroient ſans doute auſſi
fondés à ſe plaindre d'un état de choſes auſſi
aggravant, que les autres peuples gênés dans
leur commerce d'économie par la crainte de la
confiſcation des articles de l'ennemi. Les entraves ne ſont pas les mêmes, mais elles ont
une cauſe commune, & elles produiſent le
même effet qui eſt d'appauvrir les peuples
neutres.

Ainſi le belligérant uſeroit de ſon droit avec
une juſtice parfaite, ſi en arrêtant les bâtimens
neutres chargés de marchandiſes ennemies, il
payoit au capitaine le prix du fret, & le dédommagement des pertes occaſionnées par le
retard. Je ſais que dans la pratique on ne fait
aucun compte de cette indemnité : je ſais auſſi
que les bâtimens neutres amenés dans les ports
du preneur, y éprouvent mille vexations, &
qu'ils y languiſſent long-tems avant d'obtenir
la permiſſion de naviguer ; mais encore une fois,
je ne juſtifie pas les abus : je veux ſeulement
prouver que la prétention de couvrir avec le
pavillon neutre les marchandiſes de l'ennemi,
n'eſt pas fondée ſur le droit des gens. (a)

(a) Ce n'eſt pas que les peuples dans leurs traités
reſpectifs de navigations & de commerce, relativement à la circonſtance de la guerre, ne puiſſent pas
renoncer au droit qu'elles auroient ſur les effets des
ennemis trouvés à bord des bâtimens neutres Chacun
peut diſpoſer à ſon gré de ce qui lui appartient. En

Ire. Partie.   G

Après avoir si longuement réfuté le premier raisonnement d'*Hübner*, il seroit presqu'inutile de repondre aux autres : cependant pour ne laisser aucun doute sur une matière si intéressante & si délicate, je reprendrai son second argument dont voici la substance :

„ Il est libre en général aux nations neutres
„ de commercer avec les belligérans sur le
„ même pied qu'en tems de paix, sauf les loix
„ de la neutralité :

„ Or le commerce de fret, d'économie, ou
„ de commission est extrêmement usité pendant
„ la paix ;

„ Donc le pavillon neutre doit convier par-
„ faitement les marchandises non-contrebande
„ de guerre, encore qu'elles appartiennent à
„ l'ennemi. (*b*)

Ce syllogisme, à parler franchement dans les termes de l'école, n'est pas en forme. En admettant les deux premières propositions, il en

---

effet, dans ces derniers tems, plusieurs nations de l'Europe y ont renoncé. Nous avons applaudi à leur modération & à leur générosité : nous y applaudissons encore, & nous formons des vœux sincères, pour que les nations les plus puissantes & les plus éclairées d'Europe fassent le même sacrifice à la liberté du commerce ; car, plus on réduira les occasions du conflit entre les droits des belligérans & des neutres, plus on diminuera les pertes inséparables de la guerre ; mais il ne s'agit pas ici de savoir si les nations peuvent renoncer à un droit qui leur appartient ; on examine seulement si ce droit, auquel elle pourroient renoncer, est fondé sur le droit général & primitif.

(*b*) Voyez l'endroit cité pag. 210.

réfulte une conféquence différente de celle qu'en déduit *Hiibner :* la voici ; donc il eft libre & permis aux neutres de continuer le commerce de commiffion en louant leurs fervices, & leurs navires aux belligérans. Cette conféquence étoit jufte ; nous l'avons préfentée comme telle, & elle eft adoptée aujourd'hui par les peuples en guerre, qui, après la faifie des marchandifes, laiffent au neutre la liberté d'offrir de nouveau fes fervices & fes navires à l'ennemi. Mais ce droit ne lui confère pas celui de couvrir avec fon pavillon les articles de contrebande de guerre. C'eft ici la même méprife que dans le premier argument ; elle ne mérite pas une difcuffion plus étendue.

Voici comme le troifieme, qui nous paroît auffi foible, eft préfenté par le même auteur.
,, Les biens & les effets de l'ennemi, dit-il,
,, ne font pas foumis à une prife légitime dans
,, un pays neutre & ami. Or les vaiffeaux neu-
,, tres font, fans contredit, des lieux neutres.
,, D'où il fuit que, quand ils feroient incon-
,, teftablement chargés pour le compte des en-
,, nemis, les belligérans n'ont aucun droit de
,, les inquiéter au fujet de leurs cargaifons,
,, puifqu'il revient au même d'enlever des ef-
,, fets d'un navire neutre, ou de les enlever
,, fur un territoire neutre. ,,

La feconde propofition eft abfolument fauffe : & la conféquence ne l'eft pas moins. Il n'eft pas vrai qu'une troupe d'hommes qui naviguent au large, dans un lieu qui n'eft foumis à aucune jurifdiction, doivent être regardée comme le territoire de la nation dont leur navire a le pavillon. Hiibner ne donne pas la plus légère preuve de cette affertion. A quoi fert le pavillon quand il eft certifié par des lettres de mer en bonne forme? A faire connoître le pays auquel appartiennent, les navigateurs, & d'où ils font partis avec une permiffion publique de voyager, & d'arborer le pavillon de leur nation. Du refte, quant aux étrangers qui fe rencontrent avec eux, ce font de fimples hommes qui n'ont à obferver entre eux que la loi naturelle, & ce que leur fouverain leur a prefcrit fur la conduite à tenir à l'égard des autres navigateurs qui fe trouvent fur leur route.

Il en eft de deux bâtimens qui fe rencontrent au large, comme de deux voitures qui fe croifent dans un long défert, où il n'y a pas d'occuppant. Je fuppofe que l'une d'elles foit aux armes de la république de Venife, dira-t-on qu'il faut la regarder, comme le territoire Vénitien ? Il eft auffi ridicule de prétendre qu'une voiture maritime foit regardée comme partie du territoire de la nation dont elle porte les armes, & partant inviolable. Les hommes qui s'y trouvent font inviolables, mais en vertu de la loi naturelle qui les rend libres & indépendans de tous, excepté de leur fouverain légitime, & non pas à caufe de leur pavillon qui ne peut pas faire que des hommes trouvés fur un territoire nul, foient reputés fur le territoire de leur fouverain. Quoique les puiffances reçoivent les plaintes, & demandent à main armée la réparation des infultes, & des violences faites en

pleine mer à leurs fujets, ce n'eft pas en révendication des-droits de leur territoire, c'eft
pour fatisfaire à l'obligation générale de la puiffance publique dont le devoir eft de defendre
au dedans & au dehors tous les individus qui
lui font fubordonnés, & d'empêcher qu'on ne
leur nuife impunément.

Cependant on a pouffé très-loin cette étrange
opinion qui a pris naiffance dans le tems où les
nations fe croyoient maîtreffes abfolues d'immenfes trajets de mer. On s'eft égaré jufqu'à
foutenir que les vaiffeaux de guerre particuliè-
rement doivent être confidérés comme le territoire national dont ils portent le pavillon, non-
feulement en pleine mer, mais même après
avoir jetté l'ancre dans les ports, les rades,
les baies, ou les golfes des nations étrangères.
Or c'eft une erreur infoutenable, car dans le
territoire d'un prince, il n'y a ni lieu ni perfonne qui ne doive méconnoître fon pouvoir
fouverain, & ce droit facré ne peut s'altérer,
ni par le nombre des étrangers qui arrivent dans
le territoire, ni par la qualité de la voiture qui
les y porte. (*a*).

____

(*a*) Grotius *de jur. bell. & pac.*, l. 2, chap. 3, §. 8.
Wolf, *Jus uat. & gent.*
Peck, *de Jure fiftendi*, chap. 2.
Cocceius ad Grotium, de jur. bell. & pac., l. 2,
chap. 18.
De Réal: Science du gouvernement, tom. 4, ch. 7,
feÉ. 1, pag. 537.
Wattel, droit des gens, l. 2, chap. 8, §. 103.
Pufendf, *de Jur. nat. & gent.*, l. 3, ch. 3, §. 10.

Une nation à laquelle appartiennent en qualité de fujets des navigateurs qui arborent fon pavillon , peut affimiler le navire à fon territoire par rapport à tous les actes qui doivent avoir leur validité dans la patrie des navigateurs mêmes : ainfi par exemple , les enfans nés à bord du bâtiment feront repputés nés dans la maifon paternelle , les donations, les teftamens & autres actes tranflatifs de propriété foufcrits pendant la traverfée, feront valables dans le pays des donateurs, des teftateurs & autres parties contractantes. Mais l'équipage & les paffagers n'en feront pas moins foumis à la jurifdiction du fouverain des lieux où le navire s'arrêtera.

Ainfi quand on voit que dans un vaiffeau français on obferve les loix de France, qu'on obéit aux ordonnances de marine, & que tous les actes des français qui fe trouvent à bord font rédigés conformément aux loix du royaume , on eft porté à confidérer le bâtiment comme territoire français, & on ne fe méprend pas fi l'on envifage uniquement la validité des actes par rapport à la France, & le régime intérieur du vaiffeau dont la difcipline eft obligatoire pour les paffagers en vertu de leur confentement formel, & en leurs qualités de fujets du Roi. Mais on fe tromperoit fort s'il était queftion de la conduite extérieure des navigateurs, & de tous les actes de fouveraineté variables felon les lieux où l'on fe trouve, parce qu'alors la jurifdiction locale s'exerce & fur les individus, & fur le navire même, fans altérer la fujetion habituelle des navigateurs à l'égard de leur fouverain naturel.

On peut encore fe méprendre, en voyant quelquefois, dans nos ports, des vaiffeaux de guerre, dont les capitaines exerçent des droits qui n'appartiennent qu'à l'autorité fouveraine, comme le droit de peine afflictive. On en conclut, qu'un tel vaiffeau eft réellement territoire étranger, puifque fi c'étoit le territoire du fouverain du port, on ne s'y permettroit pas fous les yeux de hafarder un acte aufli folemnel de jurifdiction.

Pour diffiper cette illufion, il fuffit de réfléchir que cet acte n'eft pas fondé fur le droit de territoire, mais fur la nature de la difcipline militaire qui refte intacte, & dans fa pleine vigueur, toutes les fois que le fouverain du lieu veut bien recevoir un vaiffeau de guerre en cette qualité. Il ne peut exifter comme tel & fe gouverner que par le maintien conftant de la difcipline militaite : elle continue de s'exercer à bord, dans toute fon étendue, plutôt en quelque forte de l'aveu du Prince qui a reçu le navire que par le droit propre du capitaine, & bien moins encore par le droit du territoire, d'où il fuit, qu'à l'exception de la difcipline qui refte intacte à caufe de la nature du vaiffeau de guerre, fous tous les autres rapports, le vaiffeau eft regardé comme territoire du fouverain du port, & fa jurifdiction s'étend fur-tout les hommes qui font à bord.

Quand un coupable fe réfugie à bord d'un vaiffeau de guerre, on le réclame de gré-à-gré & s'il n'eft pas rendu, on le fait fortir de force légitimement. Dans les actes civils la jurifciction locale, s'exerce indiftinctemenr fur tous les individus d'un vaiffeau de guerre, comme fur les autres fujets, & fi le capitaine y mettoit quelqu'empêchement, le fouverain pourroit légitimement employer la force. Il ne s'agit pas des égards que la prudence peut dicter, ni des affronts qu'un peuple foible ou timide peut dévorer en filence ; on n'examine ici que le fimple droit de territoire appartenant à une nation qui a quelque majefté. Si elle veut montrer de la vigueur, elle ne fera pas la moindre différence d'un bâtiment marchand, ou d'un vaiffeau de guerre, à moins que le contraire ne foit établi par une longue habitude, ou par la conceffion d'un privilége qui circonfcrive l'exercice des droits de la fouveraineté.

Cela eft fi vrai que, fuivant la doctrine commune, quand une armée étrangère paffe ou s'arrête fur le territoire d'autrui, elle eft foumife à la jurifdiction du lieu, fauf l'exercice de la difcipline militaire. Elle refte toute entière au commandant par le confentement tacite du fouverain, qui, en accordant à l'armée étrangere le paffage ou le féjour, eft cenfé avoir concédé le commandement militaire, fans lequel il ne peut y avoir d'armée. C'eft une regle de raifon affez connue, qu'à l'inftant de la conceffion d'un droit, on eft cenfé accorder tout ce qui eſt eſſentiel à l'exercice du même droit (*a*).

XI. *Si l'on peut ſaiſir les effets des amis & des neutres trouvés à bord des bâtimens ennemis.*

Nous avons déja remarqué qu'on ne peut prendre légitimement que les effets de l'ennemi trouvés ſur ſon territoire, ou ſur celui du belligérant, ou dans un lieu exempt de toute juriſdiction comme en pleine mer. Quant au bien des amis, les belligérans n'y ont aucun droit, quelque part qu'il ſe trouve, même ſur le territoire ennemi. Il faut obſerver que cela doit s'entendre des effets mobiliers ſeulement; à l'égard des immeubles, comme les biens de ville & de campagne & les meubles même qui en font partie, les ſujets neutres qui les poſſédent en pays ennemis, ſont ſoumis à d'autres règles qui ſont étrangères à l'objet

---

(*a*) Henr. Cocc., diſput. de de fundat in territ pot. n. 14, t. 2, excepte le commandement militaire dont la juriſdiction s'étend juſqucs ſur les ſouverains mêmes qui ſe trouvent dans le territoire d'autrui. Idem L. c. §. 12, Knich de jure territ. c. 4, n. 4, Alciat, ch. 1, n. 17, de offic. ord.

De Réal ſcience du gouvernement dr. des geen. ſect. 7, §. 1 & ſuiv.

dont il s'agit (*b*). Ainsi, lorsqu'on assiége un port, une place maritime, & qu'on trouve à l'ancre des vaisseaux neutres avec leur cargaison, ils doivent être respectés à moins qu'ils n'ayent de la contrebande de guerre, ou que les capitaines n'aient pris les armes, & secondé l'ennemi, parce qu'alors il seroienl regardé come ses alliés.

A l'exception de ces deux cas, on ne sauroit alléguer une raison plausible pour légitimer la prise des effets appartenans aux amis, quoique trouvés sur le territoire de l'ennemi. Les neutres ont le droit d'y commercer & de s'y établir sans prendre part à la guerre. Ils peuvent y porter & y déposer leurs marchandises sans faire d'injustice à personne.

On doit à plus forte raison respecter & regarder comme libre les marchandises des neutres trouvées à bord des bâtimens ennemis, ces bâtimens ne pouvant pas être assimilés au territoire du belligérant. Il y auroit de l'absurdité à prétendre que le droit de prise sur le bien des ennemis, s'étend jusqu'au bien des

---

(*b*) Les immeubles possédés par des sujets neutres en pays étranger, sont soumis à l'Empire & à la domination suprême du souverain du lieu ; ils sont réputés biens de la nation sur le territoire de laquelle ils sont situés. On peut licitement exercer contre eux tous les actes d'hostilité qui sont permis en tems de guerre, contre les ennemis. Wattel, dr. des gens, l. 5, c. 5. Wolf. *jus Gent.* c. 7, §. 842.

Grot. de jur. bell. & pac. l. 3, c. 6, §. 5.

Henr. Cocc. disput. curios. tom. 2, disp. 2, §. 30.

amis, parce que leurs effets ſe trouvent fortuitement confondus, comme ſi le contrat des uns pouvoit devenir contagieux pour les autres, & changer leur nature.

La juſtice de cette regle de droit public étoit reſpectée dans le bon vieux temps (*a*), où la bonne foi & la loyauté avoient peut-être ſur le cœur humain plus d'empire que de nos jours où l'égoïſme & la cupidité ont émouſſé le ſentiment du juſte, & retreci le cercle de nos idées. Au lieu de cette maxime, il eſt aujourd'hui conſtamment reçu parmi les nations d'Europe, que la ſaiſie d'un bâtiment ennemi emporte la conſiſcation générale de toute la cargaiſon quoique compoſée en tout ou en partie d'effets appartenans aux armées & aux neutres. (*b*)

(*a*) Dans le traité de commerce entre Edouard III, Roi d'Angleterre, & les villes maritimes du Portugal, du 20 Octobre 1353, on trouve cette regle du droit des gens conſacrés par les termes du contrat : „ Et ainſi, ſi les gens dudit Roi d'Angleterre & de „ France prennent en mer, ou en port nulles niefs de „ ſes adverſaires ou ennemis, & en les dittes niefs „ ſoient trouvés marchandiſes ou autres biens de ceux „ de la marine, & cités avant dites, ſoient leſdits „ biens & marchandiſes amenés en Angleterre, & ſau- „ vement gardés tant que les marchands deſdits biens „ & marchandiſes ayent prouvé que les biens ſoient „ leurs. " On peut dire que cette regle eſt bien plus ancienne, puiſqu'on la trouve conſignée dans le chapitre 173 du conſulat de mer.

(*b*) Je crois pouvoir aſſurer que, depuis plus d'un ſiecle, il n'y a pas eu de traité de commerce, où l'on n'ait inféré la clauſe que les effets des amis trouvés

Rien ne peut juftifier cet abus, & probablement les nations qui font convenues de tolérer réciproquement, ont cru devoir prendre cette précaution pour empêcher les ennemis de fe fouftraire à la prife, en fe couvrant du nom des neutres leurs amis fecrets : ce qui feroit effectivement très-facile, fi les articles chargés fous le compte des neutres ne pouvoient être de bonne prife à bord des bâtimens neutres. Il n'eft pas douteux que le droit factice & conventionel ne puiffe déroger au droit public des nations, mais à moins d'une ftipulation contraire & fpéciale, il faut toujours en revenir

---

fur un bâtiment neutre feroient fujets à la faifie. V. les traités entre l'Efpagne & la Hollande, du 17 Décembre 1650, art. 13, entre l'Angleterre & le Portugal, du 10 Juillet 1654, art. 13. Le traité des Pirénées, du 17 Novembre 1659, art. 19. Celui du Portugal avec les Provinces-Unies, du 6 Août 1661, art. 23. Celui de l'Angleterre avec la Suéde, du 21 Décembre 1661, art. 35.

Cette extrême rigueur fut un peu mitigée dans le traité de navigation & de commerce, arrêté à Londres le 1er. Décembre 1674, entre Charles III, Roi d'Angleterre & les Provinces-Unies.

On y ftipula que la faifie des marchandifes des neutres, à bord des bâtimens ennemis, n'auroit lieu que dans le cas où elles auroient été chargées après la publication de la déclaration de guerre. On y détermine le délai dans lequel cette déclaration, eft réputée parvenir à la connoiffance des neutres, relativement à la diftance des ports. Cette excellente & jufte modification a été adoptée dans tous les traités fubféquens, fans toutefois fe départir du principe de la faifie qui eft encore en vigueur de nos jours.

à la loi primitive qui donne au neutre le droit de fe faire reftituer les effets qu'on lui a pris à bord d'un bâtiment ennemi, dès qu'il peut prouver évidemment fa propriété. C. --- C. Hiibner tom. 1. c. 9. § 1.

XII. *De la fémonce en mer ; de la vifite des bâtimens neutres : fi elle eft fondée fur le droit des gens & comment elle doit fe faire.*

Sɪ, comme nous l'avons démontré, le belligérant, tant en vertu des traités, qu'en vertu de la loi générale & primitive des nations a le droit d'empêcher que les neutres ne portent chez l'ennemi des marchandifes de contrebande, s'il a le droit de faifir les bâtimens de fes ennemis, & tout ce qui leur appartient à bord des bâtimens neutres, il faut que la même loi lui accorde tous les moyens néceffaires à l'exécution de fes droits. Or il n'y a d'autre moyen que d'arrêter & de vifiter les navires. Donc il doit être permis de le faire, & d'employer la force contre ceux qui prétendroient s'y oppofer. La qualité des droits qui juftifient la vifite en détermine la fin & l'objet. Elle tend à découvrir premiérement fi les vaiffeaux rencontrés au large font neutres ou ennemis, en fecond lieu s'ils ont à bord de la contrebande de guerre, ou des effets appartenans à l'ennemi.

Un négociant qui entreprend un voyage ma‑
ritime , s'il veut être traité comme ami ou
comme neutre par les peuples en guerre, doit
se munir de documens authentiques pour conf‑
tater la qualité du navire & celle de sa cargai‑
son.

Quant à la qualité du navire, il seroit im‑
prudent de s'en rapporter simplement à l'inf‑
pection du pavillon que les navigateurs peu‑
vent arborer en pleine mer. Les sujets de l'en‑
nemi, les neutres eux-mêmes pourraient aifé‑
ment se souftraire à la prife , & à la visite en
éludant les droits du belligérant. D'ailleurs le
pavillon serviroit tout au plus à faire connoî‑
tre la nation des navigateurs, fans indiquer la
nature de la cargaifon. Cette preuve eft d'au‑
tant plus équivoque aujourd'hui que les arma‑
teurs foit en guerre, foit en marchandifes ont
généralement adopté l'ufage d'arborer tel pa‑
villon que bon leur femble, afin de furprendre
plus aifément les ennemis, & de les approcher
fous ce *mafque* trompeur de manière qu'ils ne
puiffent éviter la prife. (*a*) Mais comme les

(*a*) La rufe & la fraude qui font odieufes & dé‑
teftées en tems de paix & dans le cours de la vie
fociale , font licites pendant la guerre. En effet, puif‑
qu'on y permet le meurtre & la deftruction de part
& d'autre , quand la nécessité de la défenfe l'exige, on
doit y permettre aussi l'ufage de la feinte, avec d'au‑
tant plus de raifon qu'une rufe qui réuffit , épargne
fouvent le fang & le carnage. Cela eft fi vrai que la
chofe alors change de nom : la rufe de guerre s'ap‑
pelle un ftratagème. Quiconque l'employe à propos

neutres feroient expofés aux plus grands rifques
fi étant fémoncés par un bâtiment armé , ils fe
trouvoient à la portée du canon d'un vrai pirate ou d'un écumeur de mer, il eft évident
qu'ils ne font pas obligés d'ajouter foi au pavillon, jufqu'à ce qu'ils foient convaincus de
fa fincérité. Ainfi non - obftant la fémonce de
l'armateur, & après avoir entendu fon porte-
voix, le neutre peut continuer fa route à pleines
voiles, & fe mettre en état de défenfe contre
les violences d'un pirate qui auroit mafqué fon
plan fous le pavillon d'une nation amie. Le
belligérant n'auroit point à fe plaindre de cette
prudence, comme d'une entreprife volontaire

---

pour maintenir fon droit fans effufion de fang, fait
preuve de talent & de prudence. On applaudit à fon
mérite chez les ennemis comme chez les amis. Voyez
Grotius *de Jure belli & pacis*, liv. 3, chap. 1, §. 6,
7 & 8.

St. Jean Cryfoftôme, liv. 1, chap. de Sacerdot.,
dit avec raifon : ,, *Si nobiliſſimos ducum ad examen*
,, *voces, pleraque eorum tropæa reperies fraudum eſſe*
,, *opera, magifque tales laudari, quam qui aperte*
,, *agendo vicerunt.*" La louange eft bien jufte en effet,
car, quand on a le droit de verfer le fang humain,
quelque moyen qu'on employe pour l'épargner, c'eft
toujours un moyen licite. ,, *Et enim ſi in bello ſine*
,, *vi ea obtineri poſſunt, ad quæ bellandi jus eſt ad*
,, *ea obtinenda a vi abſtinendum. Quod ſi ergo dolo,*
,, *hoc eſt ſimulatione vel diſſimulatione obtineri quæ-*
,, *dam poſſunt, ad quæ alias vi opus eſſet, dolo po-*
,, *tius quam vi utendum, ad que adeo dolus in bello*
,, *licitum.*" Wolf., L. N. & G., cap. 7, §. 867. V.
Hutcherſs. *a fyſtem of moral phil.* Liv. 2, chap. 18,
p. 126 & fuivantes.

contre fon droit de vifite, parce qu'avant de l'exercer, il eft tenu de juftifier fa qualité, obligation qui n'eft pas remplie par la fimple montre de fon pavillon. (*a*) On voit qu'il y a ici deux droits en oppofition, dont la fufpenfion feroit également funefte aux deux parties : les uns, s'ils mettoient en panne fur la foi du pavillon s'expoferoient fouvent au pillage, à la fervitude & à la mort : les autres, fi leur fémonce n'avoit pas le pouvoir d'arrêter les bâtimens, perdroient fouvent l'occafion d'une prife légitime, en tolérant à leur infu un commerce frauduleux entre leurs ennemis & les neutres. On feroit obligé des deux parts à fe

faire

(*a*) C'eft une regle de raifon connue, que quiconque veut exercer un droit contre un autre, doit commencer par prouver fon droit avec évidence. Cette regle, appliquée au droit des gens, veut qu'il ne foit permis à perfonne d'attaquer à force ouverte ma liberté, ni d'en contrarier l'ufage, comme en m'arrêtant en route, ou en vifitant mon bâtiment, fans prouver au préalable d'une maniere évidente la propriété d'un tel droit. Or, dans le cas dont il s'agit, cette preuve ne peut être inconteftablement établie que par celle de la nation, qui ne fauroit être connue, bien fûrement à la fimple vue du pavillon. Un armateur qui-prétendroit qu'au feul afpeét de la puiffance belligérante, un bâtiment neutre doit s'arrêter, & qui voudroit le faifir à force ouverte, ne feroit pas plus raifonnable qu'un propriétaire qui voudroit envahir des fonds poffédés par un tiers détenteur de bonne foi, fans autre forme qu'une fimple demande & fans prouver fa propriété. W-olfr jus nat., p. 2, ch. 3, pag. 417. §. 516 & fuivante.

faire beaucoup de mal pour soutenir à force ouverte des droits également fondés en raison, si les peuples commerçans d'Europe n'eussent trouvé un tempérament qui tranquilise le neutre, & qui facilite au belligérant l'exécution de ses droits sans exercer ni violence ni injustice.

On y est bientôt parvenu, autant que le permettoient la nature de la chose, & les tristes conjonctures de la guerre. Après plusieurs traités publics il a été passé en loi générale de guerre, qu'on ne doit donner aucune créance au pavillon arboré par les belligérans, jusqu'à ce que le capitaine l'ait assuré par un coup de canon qui en garantit la sincérité. Mais comme ce signal même, pouvant être imité par un pirate ou par un écumeur de mer, est insuffisant pour tranquilliser le neutre, le droit conventionnel des nations a introduit une loi universelle suivant laquelle immédiatement après ce signal le vaisseau de guerre se tient à une bonne distance, c'est-à-dire à une portée ou demi portée de canon du bâtiment neutre, ou jette un canot à la mer, deux ou trois officiers y descendent, & vont faire la visite du bâtiment.

Cette contenance pacifique ne laisse aucun soupçon, elle justifie pleinement la nation & la qualité de l'armateur, elle oblige le neutre à s'arrêter & à permettre la visite à laquelle le belligérant à un droit parfait : celui-ci en cas de résistance, ou de fuite peut avec juste raison traiter le neutre en ennemi. En effet on regarde comme tel chez toutes les nations un bâ-

Ire. Partie.　　　　　　　　　　　H

timent qui tente de fouftraire à la vifite en fuyant, ou en fe défendant ; il eft alors fujet à confifcation & déclaré de bonne prife par toutes les ordonnances de marine, ou par le droit conventionnel des peuples. Cette règle eft conforme au droit primitif & général de la nature qui juftifie l'ufage de la force contre quiconque veut empêcher l'exercice d'un droit parfait, & continue cette violence après avoir été requis de s'en défifter. Dans ce cas vous pouvez employer vos forces autant qu'il le faut pour vaincre la réfiftance, vous pouvez licitement faire à l'ufurpateur injufte affez de mal pour que déformais il ne foit plus tenté de bleffer vos droits : en un mot tout ce qui convient pour le reprimer & pour vous défendre eft légitime. Or comme dans l'état de nature la mefure du mal eft au moins entérieurement à l'arbitrage de la perfonne offenfée, il me femble que les belligérans montrent affez de modération fi en pareille occurence ils fe contentent, en refpectant la liberté des perfonnes, de faifir le bâtiment, & la cargaifon d'un armateur qui, fans aucune raifon veut éluder par la fuite, ou empêcher à force ouverte une vifite fondée fur un droit légitime· Je dis, fans aucune raifon, parce qu'un vaiffeau de guerre qui, par la diftance où il fe tient du bâtiment neutre, & par la defcente de fes officiers, n'annonce que des vues pacifiques, ne doit pas être foupçonné d'une mauvaife intention qui feule pourroit juftifier la fuite, ou l'ufage de la force.

La vifite étant un acte abfolument paifible

qui tend à conftater la neutralité indiquée par le pavillon , & à prouver que la cargaifon ne contient , ni contrebande de guerre , ni marchandifes appartenant à l'ennemi , les vifiteurs doivent s'acquitter de leurs fonctions avec affez de diligence pour ne point retarder le neutre inutilement. Cette attention eft d'autant plus convenable qu'il s'agit d'un drcit qui choque le leur en quelque façon , & qui n'eft fondé que fur la néceffité. Ils doivent donc etre pleinement fatisfaits, quand ils ont reconnu la régularité des papiers de mer (*a*) dont la prati-

______

(*a*) Il y a plufieurs traités publics entre des nations commerçantes , où l'on détermine le nombre de ces actes appellés *papiers dë mer* , & les formes dans lefquelles ils doivent être rédigés. Voici quels font ces actes en général :

1°. *Le paffeport* , par lequel le prince neutre permet au capitaine du navire d'arborer fon pavillon.

2°. Le contrat , qui conftate que la propriété du navire appartient légitimement à un fujet neutre. Hubner , L. c. , dit qu'il faut diftinguer fi le bâtiment a été conftruit en pays neutre , ou en pays ennemi : que dans le premier cas le marché fuffit ; que dans le fecond, il faut un document qui prouve que le marché eft antérieur à la déclaration de guerre.

J'avoue que je n'entends pas fur quoi porte cette diftinction. Il eft vrai que dans le traité de 1716, entre la France & les villes Anféatiques, on énonça la premiere partie de cette diftinction , art. 30 ; mais une convention particulière entre une nation & une autre, ne fuffit pas pour introduire une regle générale dans le droit des gens. Si les neutres peuvent acheter ce que bon leur femble des nations belligérantes , pourquoi n'auroient-ils pas la permiffion de leur acheter des vaiffeaux marchands ? Dira-t-on que la prohibition eft

que univerſelle des nations a déterminé la forme pour vérifier ces deux objets. Je crois pour-

---

fondée ſur le danger de la connivence, parce qu'à l'ombre d'un contrat ſimulé, le neutre pourroit naviger pour le compte de l'ennemi, & lui procurer ainſi le bénéfice du fret ? Il faudroit donc prohiber toutes les marchandiſes fabriquées chez la nation ennemie, encore qu'il fut prouvé qu'elles auroient paſſé dans les mains de l'ami ou du neutre à titre de vente, ou d'échange, ſur le fondement que ces marchés pourroient être ſimulés & illuſoires. Ainſi je ne vois pas que cette diſtinction ſoit raiſonnable, & il importe peu, ſelon moi, que le bâtiment ait été conſtruit chez une nation ennemie, pourvu que le neutre en établiſſe la propriété en forme probante. En un mot, les belligérans n'ont aucun droit ſur les effets appartenans aux neutres, quelle que ſoit la perſonne qui leur en a tranſmis la propriété.

3°. *Le rôle des matelots*, dont les deux tiers au moins, ſuivant l'uſage, doivent être ſujets du ſouverain qui donne la patente, ou d'autres ſouverains neutres.

4°. *Les polices de chargement* qui doivent contenir le nom du chargeur, celui du receveur, le lieu du chargement & du déchargement, qui doivent être ſignées du capitaine ou du maître du navire, pour prouver la propriété des marchandiſes & leur qualité. Pour plus d'aſſurance que les polices correſpondent aux ballots chargés, on met à la marge de la police une marque ſemblable à celle des ballots, & on y inſcrit le prix du fret, que le receveur des marchandiſes doit payer au capitaine.

5°. *Se manifeſte*, que preſque par-tout, excepté en Italie, on appelle *la charte-partie*. On y porte en abrégé partie par partie, toutes les polices de cargaiſon que le capitaine a ſouſcrittes ſéparément avec le prix du fret, ſoit en gros pour tout le navire, ſoit en détail pour

tant que fi l'on étoit fondé à foupçonner de la fraude , on pourroit légitimement fe livrer à

---

chacun des ballots qui fe trouvent à bord. Cet acte, en un mot, contient le contrat d'affretemens fait par un feul , ou par tous les chargeurs pris en nom collectif. Chacun d'eux ftipule en fon nom le prix du fret ; & tous prix collectivement & dénommés dans la charte-partie, compofent une perfonne morale , repréfentative de celle qui frete le navire : comme il arrive , quand les capitaines chargent *un ballot* en faifant favoir fur la place qu'ils font prêts à mettre à la voile pour tel ou tel port , & en invitant les commerçans à expédier leurs marchandifes pour le fret convenu antérieurement avec le capitaine. Lorfque les papiers de mer font en regle , les polices de cargaifon doivent correfpondre à chaque article de la *charte-partie* , & réciproquement. Je n'ai trouvé dans aucun auteur la raifon de cette dénomination , & je l'ai attribué à la fubftance de cet acte qui contient la defcription de tout le chargement en autant de parties qu'il y a de marchandifes envoyées à bord par le chargeur, ou les chargeurs. Mais un Efpagnol de mes amis , rapporte cette éthimologie à un ancien ufage des commerçans , & fur-tout de fes compatriotes, qui pour éviter toute fupercherie de la part du capitaine , divifoient cet acte en deux parties irrégulières : l'une s'envoyoit au receveur, l'autre fe remettoit au capitaine , & enfuite le rapprochement de ces deux pièces conftatoit avec fûreté la nature & la quantité des marchandifes , ainfi que le prix du frêt. Je n'ai point approfondi cette opinion.

Tous les actes que je viens d'indiquer doivent être authentiques & légalifés , foit par un notaire public, foit par des magiftrats, ou des commiffaires de marine , fuivant leur qualité. Pour plus grande fûreté , il convient de les faire légalifer par les confuls refpectifs des nations belligérantes , s'il y en a dans le port d'où le bâtiment eft expédié. *Hübner* ajoute la facture, les letune recherche plus fcrupuleufe, mais toujours avec modération & avec les plus grands égards pour les intérets du neutre. A l'exception de ce cas feulement, toute perquifition vexatoire faite avec l'affectation de la fupériorité devient une violence dont le fouverain des neutres, protecteur de leurs droits eft autorifé à demander la réparation, & fi on la refufe il peut l'exiger à force ouverte.

Si les papiers de mer ne font pas en règle, ou s'ils manquent abfolument, on préfume avec raifon un deffein de fraude au préjudice du belligérant : le navire alors eft de bonne prife ainfi que la cargaifon, à moins que le capitaine en expliquant évidemment les caufes de cette irrégularité, ne juftifie la fincérité de fon pavillon. Cet ufage des nations eft fondé fur une règle de juftice. En effet chacun doit favoir que pour etre traité en ami dans le cours de fa navigation, il doit etre muni de certains documents déterminés, & que s'il néglige de s'en pourvoir il s'expofe à etre traité en ennemi fans égard pour fa neutralité. Ainfi nul ne peut fe plaindre des conféquences de cette omiffion, à moins de prouver qu'elle eft involontaire, & occafionnée par des circonftances malheureufes.

---

tres de naturalifation, le journal, l'inventaire, le certificat de fanté. Ces pieces fort utiles pour le bon gouvernement du navire & pour l'adminiftration particulière du capitaine, font tout-à-fait indifférentes, relativement à l'objet dont il s'agit.

XIII. *Quand la prise faite sur des bâtimens neutres passe au pouvoir du belligérant.*

LA guerre publique entre les nations étant un acte souverain, & une dépendance des droits de la puissance suprême, il est clair que tout ce qui s'y fait est subordonné au consentement tacite ou formel du souverain. Il n'appartient qu'à lui de diriger les forces publiques, de déterminer l'espèce, & la somme des hostilités à commettre, & de regler la mesure des forces qu'il juge nécessaire à la defense naturelle. Ainsi les soldats destinés à l'attaque & à la defense, considérés en masse ou comme individus, ne sont que les instrumens du prince belligérant, ils n'agissent que par ses ordres, & tout ce qu'ils font pendant la guerre en cette qualité ne peut-être imputé qu'à lui seul. Par une suite de ce principe, quoiqu'à certains égards tous les sujets de deux souverains en guerre, soient ennemis entre eux, un sujet isolé de l'un d'eux, ne pourroit commencer aucun acte d'hostilité, sans l'aveu formel, ou tacite, ou du moins présumé de son souverain qui seule a le droit de diriger les forces publiques.

D'abord quant aux armateurs légitimes qui sont brévetés & qui ont des lettres de marque, ils sont évidemment les instrumens du prince, ils agissent en son nom, & c'est pour lui qu'ils font la prife à moins qu'il n'en ait autrement ordonné. En effet il arrive fouvent que le prince, pour animer l'émulation de fes fujets contre l'ennemi les invite à entreprendre des courfes à leurs frais, en leur abandonnant la prefque totalités des prifes, & par ce moyen les rifques & les depenfes des armateurs fe trouvent compenfés par l'efpoir effrayant d'un bénéfice confidérable. Mais dans ce cas même la prife n'eft pas dévolue à l'armateur en vertu de fon droit immédiat; elle lui appartient en vertu de la ceffion volontaire du fouverain propriétaire né de toutes les conquêtes & de toutes les prifes.

En général des particuliers qui font les avances d'un armement expofent plutôt leur vie & leur fortune pour accumuler des richeffes, que par attachement pour leur patrie. Mais foit que les armemens fe faffent au compte d'individus, ou aux frais de la nation & fur des fonds publics, on demande à quelle époque les prifes paffent au rang des propriétés du preneur, & peuvent à ce titre entrer fans rifque dans fes tranfactions.

Je ne parle ici que des prifes faites fur les bâtimens neutres. Les prifes faites fur les navires ennemis font étrangères à mon fujet. Il faut obferver en premier lieu qu'il n'y a que quatre circonftances qui puiffent légitimer la prife contre un bâtiment ami, favoir lorfqu'il porte des marchandifes de contrebande, ou lorfqu'il eft chargé d'effets appartenans à l'ennemi, ou lorfque fes connoiffances ou papiers de mer ne font pas en règle, ou enfin lorfqu'il

viole d'une manière quelconque les loix générales de la neutralité. Dans les deux premiers
cas la prife peut paffer immédiatement au rang
des propriétés du preneur , fi le capitaine du
vaiffeau marchand convaincu de la légitimité
du droit de l'armateur fe détermine à lui remettre fans délai la partie de fa cargaifon qui
fe trouve contrebande de guerre, ou apparte-
nante à l'ennemi (*a*). Vouloir en pareille con-

(*a*) On en ufoit ainfi dans les anciens tems, comme
on le voit dans le confulat de mer , chap. 273. Le
traité du 20 Mars 1406, que nous avons cité , entre
le Roi d'Angleterre & le duc de Bourgogne . comte
de Flandre, contient la convention fuivante : „ Les
„ marchands , maîtres de niefs & mariniers dudit pays
„ de Flandre , n'ameneront pour fraude, ni couleur
„ quelconque aucuns biens , ou marchandifes des en-
„ nemis des Anglois par mer , & en cas qu'ils en foient
„ demandés par aucuns écumeurs , ou autres gens de
„ la patrie d'Angleterre, eux en feront juite & pleine
„ confeffion. " La même chofe eft répétée dans le traité
du 14 Août 1446, entre l'Angleterre & quelques villes
de Flandre ; mais plus clairement encore dans le traité
fait à Weftmunfter, le 13 Février 1460, entre l'Angleterre & la république de Gêne : „ *Nec caricabunt*
„ *aut portabunt in navigiis eorum fupra dictis merci-*
„ *monia alicujus inimici noftri , aut inimicorum noftro-*
„ *rum , & cafu quo fuerint petiti & interrogati per*
„ *noftros, debent immediate , & fine dilatione verita-*
„ *tem dicere , & fateri quæ & gratia bona inimico-*
„ *rum noftrorum vel inimici ducunt in navibus fuis , &*
„ *illa fine difficultate tradere & deliberare capitaneis*
„ *vel ducentibus navigia noftra , &c.* "
Cet ufage a fubfifté jufqu'à la fin du quinzième fie-
cle ; mais il n'en eft plus fait mention dans les traités
fubféquens. On s'y borne à déclarer de bonne prife

jonĉture accabler le neutre de formalités inutiles , & retenir fon bâtiment plus long - tems
que ne l'exige le plein exercice du droit de l'armateur, c'eſt un procédé tout-à-fait injuſte , &
contraire à la loi naturelle, qui veut qu'en
exerçant nos droits , nous reſpeĉtions ceux
d'autrui.

Néanmoins le plus grand nombre des ordonnances de marine defend aux armateurs de s'approprier aucune partie de cargaiſon à bord des
bâtimens amis, ou ennemis, fût elle évidemment faififfable, avouée & reconnue pour telle
par le capitaine ou le propriétaire du navire
arrêté , juſqu'à ce que les officiers de l'amirauté
en ayent fait la viſite , & qu'ils ayent prononcé
par un jugement definitif ſur la validité de la
priſe (a). Les nations d'Europe ſont peut-

les articles de contrebande & les marchandiſes des ennemis trouvées à bord des bâtimens neutres , ſans indiquer la maxime de les approprier au belligérant, ou
à ſon armateur. On a pourtant renouvellé l'ancienne
convention dans le fameux traité de marine , paſſé entre l'Angleterre & la Hollande en 1674. L'art. 7 porte
,, & au cas que toute la cargaiſon ne fut compoſée
,, de marchandiſes interdittes ou de coutrebande , mais
,, feulement d'une partie d'icelles , & que le patron
,, ou commandant du navire ſe déclarat prêt, & ré-
,, folu de les livrer à celui qui l'aura arrêté; le pre-
,, neur ne doit point contraindre un tel navire à ſe
,, rendre dans quelque port qui lui ſera commode, mais
,, il doit le relacher ſur le champ ſans rien faire qui
,, puiſſe s'oppoſer à ce qu'il ne pourſuive librement
,, & ſans empêchement , le voyage qu'il s'eſt propoſé
,, de faire. ''
(a) C'eſt la pratique aĉtuelle de preſque toutes les

être convenues de tolérer cette efpèce d'injuftice afin d'éviter un plus grand mal , tant de la
part des armateurs que de la part des neutres.
En effet les premiers pourroient aifément fouftraire leurs prifes à la connoiffance du fifc , &
frauder les droits du fouverain en faifant leurs
ventes en pays ami , les feconds affurés de ne
pas perdre feulement leur fret , & de n'être arrêtés que pendant le tems néceffaire au déchargement des marchandifes ennemis , hazarde-
roient plus facilement & plus fréquemment le
commerce de contrebande, ils échapperoient à la
vigilance des obfervateurs , ou peut-être ils fe
concerteroient avec les armateurs eux - mêmes
pour fe partager les dépouilles des malheureux
négocians qui feroient expofés tout-à - la - fois
& aux rifques de la guerre , & à la perfidie des
hommes. Mais quelle qu'en foit la raifon , il eft
conftant qu'aujourd'hui c'eft un ufage paffé en
loi, de ne regarder la prife comme propriété
du preneur, & du fifc , qu'après qu'il a été fta-
tué fur la légitimité par les juges qui ont droit
d'en connoître.

Cette loi de la guerre quoique fondée fur
le droit factice des nations , eft pourtant con-

----

nations d'Europe. V. le traité de navigation & de
commerce entre Louis XIV, Roi de France, & les
villes Anféatiques, art. 3 & 4. Celui de 1650, entre
les Efpagnols & les Hollandois , art. 12. L'édit de
Frédéric, Roi de Dannemarc de 1659 & prefque toutes
les ordonnances de marine des peuples commerçans &
navigateurs.

forme au droit naturel (*b*) abfolument quant aux deux derniers cas , & relativement quant aux deux premiers. Puifqu'en général il eft impoffible d'éviter la fraude des armateurs, & la connivence des neutres, à moins d'amener dans les ports du preneur les bâtimens faifis, ce nouvel obftacle à la navigation eft produit en partie par la néceffité, en partie par l'intérêt commun qui eft la véritable mefure du jufte. La même équité fe manifefte dans les deux derniers cas, fi l'on confidère que la prife faite fur le neutre étant fondée fur la fuppofition d'un defaut de forme, ou fur une contravention quelconque aux loix de la neutralité , le preneur ne peut-être abfolument propriëtaire qu'après la décifion des juges légitimes, quand même les parties feroient d'accord fur la validité de la prife. En effet le preneur feroit fouvent juge & partie, & d'un autre côté le neutre qui eft prefque toujours un fubrécargue , ou le commis d'un négociant n'a pas le droit de tranfiger, & moins encore le droit de ratifier la faifie des marchandifes d'autrui. La

---

(*b*) Quelques docteurs font d'avis que la contrebande paffe immédiatement au pouvoir du fifc, ou de fes agens. Ils fondent leur fentiment fur l'autorité d'Ulpien, dans la loi 14, D. de pub. Vectig. & commifs ; mais, outre que cette loi parle feulement des contraventions aux réglemens fur le fait des douanes ; il eft conftant que même dans ce cas, la contrebande n'eft acquife au fifc , que par le cenfentement formel ou tacite du fraudeur, ou par la déclaratioo du juge légitime. V. Struv. Exercit. 39, §. 51. Heinnec, L. c. chaq. II, §. 16.

même reflexion peut s'appliquer aux deux premiers cas.

XIV. *Qui doit être juge de la légitimité de la prife.*

On demande à préfent à quel tribunal appartient la connoiffance des prifes, foit pour en transférer la propriété au preneur par un jugement definitif, foit pour rendre la liberté au bâtiment neutre quand la prife n'eft pas déclarée légitime.

On ne fauroit croire combien les écrivains fe font égarés & contredits fur cette queftion. Mais tandis qu'ils s'efforcent de l'approfondir dans leurs cabinets, on en trouve la folution dans la pratique univerfelle des nations d'Europe. Elles fouffrent paifiblement que les juges établis par la puiffance belligérante prononcent fur la légitimité des prifes faites par fes propres armateurs, & amenées dans fon territoire ; à l'égard des prifes conduites par force majeure, ou fpontanément en pays ami, ou s'en rapporte au droit des gens. Ainfi la queftion propofée fe réduit à favoir fi dans le premier cas cette pratique eft jufte, & dans le fecond, quelle eft la règle du droit public des nations.

Avant d'aller plus loin il faut éviter de confondre deux chofes très-différentes entre elles, favoir d'une part le bâtiment ayant pavillon &

lettres de neutres, la nation à laquelle il appartient, les hommes nés fujets d'un fouverain ou devenus tels, trouvés dans une voiture maritime appellé vaiffeau, & d'une autre part toute la fociété civile & fon fouverain. Tous les actes qu'un étranger peut faire contre ce vaiffeau ou contre les hommes qui font à bord ne font pas fenfés faits contre leur nation ou leur fouverain, de même qui tout ce qui fe fait par les neutres contre d'autres peuples ou paifibles ou belligérans ne peut - être refpecté fait par la nation ou le fouverain dont ils font fujets. (*a*)

Ainfi on s'écarteroit du fens de la queftion fi l'on penfoit que lorfqu'une puiffance belligérante fait juger dans fon territoire les prifes prétendues légitimes par fes armateurs contre des bâtimens neutres, elle entend par là

____

(*a*) *Alderic Gentilis*, de jur. bell. & pac. C. 21, p. 167. „ *Atque ita nofiri juris interpretes, rectius &* „ *explicatius docent factum effe publicum, quod de-* „ *liberatum a legitime congregata univerfitate eft.*" St. Auguftin in Levit Quæft. 6. „ *Aliud eft quod in po-* „ *pulo quifque habet peccatum proprium, aliud quod* „ *commune, quod uno animo fit, & unâ volontate* „ *aliquid mu'titudine comparata committitur. Ubi uni-* „ *verfi, ibi & finguli, non autem ubi finguli, continuo* „ *ibi univerfi.*"

Ainfi fur la queftion de favoir fi un traité, ou un engagement pris par une perfonne morale, comme par exemp'e, un corps d'univerfité, une ville, un état, eft réputé violé par un ou plufieurs de fes membres : les jurifconfultes fe décident pour la négation, felon l'axiôme. „ *Privati non nocent univerfitati, & difpo-* „ *fitio quæ plures, ut univerfitatem refpicit, non habet* „ *locum ut in fingulis.*"

exercer une jurifdiction fur le fouverain neutre dont les fujets pris confervent fimplement leur état habituel. (*b*)

Il eft bon de répéter ici ce qu'on a obfervé ailleurs, que tout bâtiment au large & dans des parages libres ne peut être affimilé au territoire du fouverain dont il porte le pavillon, & que par conféquent les hommes à bord d'nn vaiffeau de guerre, & d'un navire marchand n'ont à obferver entre eux que les loix immuables de la nature, & le droit exatile de la guerre qui s'éteint avec elle. (*c*)

Cela pofé, il eft évident que, lorfqu'un armateur vifite au large un bâtiment neutre, il ne prétend ni s'arroger ni exercer aucun acte de jurifdiction, il agit fimplement en vertu d'un droit parfait, reconnu pour tel par le neutre lui-même, & qu'il s'eft volontairement engagé à refpecter d'après la déclaration de neutralité tacite au formelle de la nation à laquelle il avoue appartenir en arborant fon pavillon. Si après la vifite, l'armateur en vient à la prife,

---

(*b*) Hübner dans l'ouvrage cité L. 1, 2e. part. chap. 1, §. 4, 5 & 6, a fait cette fauffe fuppofition : & pourtant tout ce qu'il dit pour prouver l'injuftice de la pratique des nations, n'eft qu'une déclamation & un tiffu de paralogifmes. Il s'écrie, p. 34 „ à quel titre „ un gouvernement s'arroge-t-il le droit d'exercer une „ forte de jurifdiction fur des fouverains neutres ? "

(*c*) *Galiani* a fait cette feconde fuppofition à l'endroit cité, chap. 9, §. 8, pag. 399, Il dit que „ le „ bâtiment trouvé en pleine mer, continue d'être le „ territoire du fouverain qui lui a donné la permiffion „ de naviger.

& emmene à ce titre le bâtiment dans fes ports, il agit conformément au droit conventionnel de la guerre, & dès lors il devient refponfable des pertes qu'il pourroit occafionner au neutre en fe trompant fur la légalité de la prife. Dans toute cette conduite je ne vois rien d'injufte. En effet fi l'on accorde aux puiffances belligé-rantes le droit d'expédier des navires armés en courfe, pour empêcher le commerce de con-trebande, & les autres tranfgreffions des loix de neutralité, il faut bien accorder à ceux qui exécutent ce droit, les moyens fans lefquels il feroit impoffible de l'exercer, tels que la fe-monce, la vifite & la prife fubféquente s'ils la jugent légitime.

Ainfi la queftion fe réduit en dernière ana-lyfe à favoir qui doit décider fi le preneur a bien ou mal jugé.

Je dis que la pratique des nations d'Europe eft jufte, eft fondée en raifon, & que le fou-verain du preneur doit juger de la légalité de la prife quand elle eft emmenée dans fes ports. Voici quels font les raifonnemens d'Hiibner contre cette décifion ;

Premiérement, dit-il, les prifonniers étant conduits malgré eux fur les terres du preneur, on ne peut pas préfumer qu'ils fe foumettent de bonne volonté à la jurifdiction du fouverain, or cette foumiffion libre & fpontanée feroit né-ceffaire pour qu'ils fuffent obligés dans le for intérieur de s'en tenir à fon jugement.

Hiibner fait ici l'application des regles du droit civil qui font fans force de nation à nation.

tion. Il n'y a dans l'état de nature aucun homme qui ait fur un autre la plus petite prérogative de jurifdiction ou d'autorité. Une telle prérogative ne s'obtient que par le confentement tacite ou formel de celui qui s'y foumet volontairement. Ce n'eſt que le contract focial qui donne au fouverain la jurifdiction fur les fujets ; le fouverain la délegue à des magiſtrats fubalternes qui l'exercent dans l'étendue du reſſort qu'on leur affigne, & tous les hommes qui fe trouvent dans les limites du reſſort, font obligés d'obéir aux actes de jurifdiction émanés du magiſtrat. Cette obligation n'eſt pas fondée fur une foumiſſion formelle & explicite de leur part, mais fur la promeſſe qu'ils ont tacitement faite d'obéir aux actes de jurifdiction fouveraine, dont celle du magiſtrat eſt une émanation. Suppofons qu'un homme foit tiré par force de fon territoire, & qu'on veuille lui faire fubir l'autorité d'un magiſtrat dont la jurifdiction n'eſt pas fanctionnée par la puiſſance publique, alors il y auroit violence manifeſte, & nullité radicale dans les actes de jurifdiction, à moins que la perfonne contrainte ne fit ceſſer la violence en exprimant fon confentement volontaire. Dans cette hypothèfe la réflexion d'Hiibner eſt juſte. Néanmoins quoique la foumiſſion libre à la jurifdiction d'un tiers, entraîne felon le même auteur, l'obligation ſtricte & primitive de s'en tenir à fa décifion, cette obligation ſtricte dérive tout au plus de la loi immuable de la nature quand on eſt perfuadé que cette conduite intéreſſe notre bonheur. En général nous n'ac-

quiefçons volontiers aux ordres ou aux jugements d'autrui qu'autant qme nous regardons
les premiers comme conformes à nos intérêts,
& les feconds comme prononcés par un juge
infaillible, dont l'exiftence eft une chimère.

Mais la réflexion d'Hübner, toute jufte
qu'elle eft dans l'hypothèfe rapportée, ne peut
fervir à prouver l'incompétence du juge fur
le fait de la prife. Il ne s'agit pas ici de jurifdiction civile, & pour décider la queftion de la
compétence du juge, il faut remonter à d'autres
principes que ceux des jurifconfultes privés.

Le belligérant, comme nous l'avons établi,
a le droit d'interrompre la navigation du neutre, & de procéder à la vifite de fon bâtiment.
Suppofons qu'il exerce fon droit en perfonne,
qu'il faffe la vifite, ou qu'il entende le rapport des officiers qu'il aura chargés de la faire
& qu'il prononce que le neutre, ayant violé
les loix conventionnelles de la neutralité, il
y a lieu de faifir le bâtiment, quelqu'un poura-
t-il s'élever contre fa compétence? Mais dira-
t-on, le prince n'a de jurifdiction que fur fes
propres fujets, & de cette manière il étendroit
ce droit jufqu'aux fujets d'un autre. Voila précifément où eft l'équivoque. Le navigateur qui
fe trouve au large dans un territoire nul, eft
rigoureufement parlant dans l'état de nature;
& quoiqu'il foit habituellement fujet de fon
fouverain naturel, néanmoins il n'eft actuellement fujet de perfonne. Son pavillon, s'il eft
légitimement arboré, annonce qu'il eft neutre,
& le fait refpecter. Quand ce figne extérieur

eſt démenti par ſa conduite, il n'exiſte entre lui & le Belligérant d'autres regles reſpective- ment obligatoires, que les loix immuables de la nature, appellées droit des gens, lorſqu'el- les s'appliquent aux nations. Or, ſi le belligé- rant juge que le pacte de la neutralité eſt rompu par une troupe d'hommes qui, ſe trouvant au large, ne ſont ſujets de perſonne, on demande qui eſt-ce qui pourra rendre ſon jugement nul & de nul effet. Il peut à la vérité, par mépriſe, ou par iniquité prononcer une choſe injuſte. Mais perſonne au monde ne peut blâmer, ni annuller ſon jugement, parce que c'eſt un acte d'autorité ſouveraine, irréſiſtible, & qui n'eſt ſuſceptible d'aucun recours ultérieur. Le mau- vais juge rendra compte de ſon ignorance, ou de ſa mauvaiſe foi à l'auteur de toute juſtice ; mais au moins extérieurement, le ſouverain doit être préſumé juſte aux yeux des parties déſintéreſſées. Quant aux parties léſées, elles ont la voix de repréſentations pour obtenir une reſtitution légitime, & en cas de déni formel, il n'y a d'autre recours que la guerre.

Or, les armateurs ne ſont qu'exercer le droit du ſouverain. Ils viſitent les bâtimens neutres, & lorſqu'ils les trouvent en tout ou en partie dans le cas de la confiſcation, ils les tradui- ſent devant le belligerant qui, s'il ſe fût trouvé ſur le fait, auroit eu le droit de prononcer; eſt-ce là offenſer le droit des gens? C'eſt offen- ſer, répond Hiibner, la ſouveraineté d'une nation qui n'eſt pas ſoumiſe à la juriſdiction d'une puiſſance étrangère, dans les limites de fon domaine, ni dans un lieu qui n'appartient à perfonne ; mais comme nous l'avons remarqué, une petite troupe d'homme à bord d'un vaiffeau dans des parages libres, ne forme pas une nation fouveraine. C'eft offenfer, dit le même auteur, les navigateurs fujets du fouverain, dont ils arborrent le pavillon, & fur lefquels le belligérant ufurpe un droit de jurifdiction qui ne lui appartient que fur fes propres fujets ; mais nous repliquons que les navigateurs en haute mer ne font actuellement fujets d'aucun fouverain.

D'ailleurs je veux, comme on le prétend, qu'ils foient fujets du fouverain neutre. J'ai déja dit que fi l'armateur a fait une prife de fantaifie, & fans caufe légitime, il doit être condamné à payer les fraix, & à réparer le dommage : à préfent je fuppofe que la prife foit légitimement faite. Un armateur qui exécute les ordres du belligérant, trouve un bâtiment qu'il juge avoir violé les loix de la neutralité. Voilà une léfion des droits du belligérant, voilà un tort manifefte dont il peut demander immédiatement la réparation. Ce feroit une doctrine bien bifarre à introduire dans le droit naturel, que de lier les mains à la perfonne offenfée, pour déférer le jugement de l'offenfe au fouverain de l'agreffeur ou à d'autres puiffances étrangeres. Ne feroit-ce pas un véritable attentat à l'indépendance naturelle des fouverains? Quoi! fi je fuis provoqué, outragé par les fujets d'une puiffance amie, & qu'ayant l'aggreffeur à ma difcrétion, je puiffe

obtenir une prompte vengeance, il faudra que
je m'en abſtienne, il faudra que j'attende la
déciſion du ſouverain ami, ou que je m'en
rapporte au jugement des perſonnes étrangères, moi qui n'ai ſur la terre aucun juge de mes
actions ? Non certes : la qualité de ſujet n'al-
tére ni ne diminue, en aucune façon, le droit
du belligérant ; & parmi des hommes qui vivent dans l'état de nature ; ce n'eſt pas à celui
qui a fait une offenſe, c'eſt à celui qui l'a re-
çue qu'appartient le droit d'en meſurer l'étendue & d'en arbitrer la réparation.

Ce raiſonnement auroit encore toute ſa force, quand, par une fauſſe hypothèſe ou voudroit
regarder le bâtiment neutre, comme la nation
ſouveraine dont il arbore le pavillon. Dans ce
cas il s'agiroit d'une offenſe de nation à nation : &
comme il n'y auroit entre elles aucun juge com-
pétent, il faudroit toujours ſtatuer que la nation offenſée décideroit de la nature de l'attaque, du genre de dédommagement proportionné
à ſes pertes actuelles, & des meſures à prendre pour éviter à l'avenir un pareil danger. Ainſi,
ſous quelque point de vue qu'on enviſage la
queſtion, on trouvera toujours la même ſolution, & l'on ſera forcé de reconnoître comme
juges légitimes des priſes, les tribunaux adop-
tés généralement par les nations d'Europe, qui
obſervent ſur ce point les règles de la plus parfaite modération. (*a*)

____

(*a*) J'ai parlé ici la langue vulgaire & comune.
Le neutre ne manque aux loix de la neutralité, que

Toutes les autres objections d'Hiibner contre cette décifion, roulent fur ce que le fouverain du preneur n'a pas de jurifdiction fur les perfonnes accufées d'infraction aux loix de la neutralité, ni fur le lieu du prétendu délit. Mais il eft aifé de répondre que l'offenfé ayant le droit de juger le tort qu'on lui fait, peu importe de quelle part & fur quel territoire il l'éprouve. Par conféquent les règles relatives à la jurifdiction ordinaire, très - bonnes dans l'ordre de la fociété civile, ne peuvent pas s'appliquer a des perfonnes qui vivent dans le fimple état de nature, comme les peuples refpectivement fouverains à l'égard les uns des autres.

L'auteur que nous réfutons retombe dans la même faute de raifonnement en invoquant une règle triviale qui veut que dans les contefta-

___

lorfqu'il ceffe d'obferver une impartialité parfaite. Si le prince neutre abandonne ceux de fes fujets qui portent à l'ennemi des marchandifes de contrebande, ou qui introduifent des marchandifes libres dans les places affiégées, il le fait en vertu de fes conventions expreffes ou tacites. Les fujets ne font aucune injuftice au belligérant; mais ils ufent de leurs droits naturels à l'indépendance & à la liberté du commerce, & s'ils font pris, ils ne reclament pas contre la violence, parce que leur fouverain s'eft obligé par un contrat à ne pas les défendre dans cette circonftance particulière. Celà pofé, la queftion fe réduiroit uniquement à favoir fi les armateurs ont exercé légitimement le droit qui leur eft accordé par la convention, & fi les bâtimens pris font dans le cas que les publiciftes nomment *Cafus fœderis*. A la lueur de ces principes on verra que le jugement appartient plutòt au fouverain du preneur, qu'à celui du bâtiment pris.

tions, nul ne puiſſe être à la fois juge & partie. Cette règle eſt de toute juſtice quand il
s'agit d'un droit conteſté dans le cours ordinaire de la vie civile : mais il n'eſt pas poſſible de l'alléguer relativement à des perſonnes
qui vivent dans l'état de nature , comme ſont
le preneur & le priſonnier en haute mer, ou
qui , dans l'ypothèſe d'Hiibner , repréſentent
leur nation reſpective comme le belligérant &
le neutre qui n'ont aucun juge ſur la terre , &
dont chacun eſt naturellement juge de la réa-
lité, de la meſure d'une offenſe ſuppoſée. (*a*)

Au reſte la réflexion d'Hiibner eſt très-fon-
dée quand il obſerve que les juges des priſes
doivent rendre leurs jugements en conformité
des ordonnances & autres reglemens de leur
ſouverain ſur le fait des courſes : & que par
conſéquent ils doivent prendre pour baſe de
leurs déciſions la légiſlation de leur patrie.
Mais il ne s'en ſuit pas qu'ils ſoient incompé-
tens, & qu'ils puiſſent quelquefois devenir for-
cèment injuſtes dans le for intérieur, avec toutes
les apparences de la juſtice. Il peut arriver que

______

(*a*) Il eſt à remarquer qu'après avoir enviſagé comme
une injuſtice, l'autorité que s'arroge la nation belligérante de juger les priſes, Hiibner propoſe enfin l'éta-
bliſſement d'un tribunal compoſé de ſujets des deux
nations. Il eſt évident que les uns & les autres feroient
à la fois juges & parties. Ainſi c'eſt un projet abſurde
& inadmiſſible : car, ſi les juges étoient également
nombreux des deux côtés , les conteſtations feroient
interminables, & s'ils étoient en nombre inégal , il eſt
certain que le plus grand nombre emporteroit toujours
la balance.

des souverains surpris par leurs ministres ou trompés par des conseillers plus attachés à leurs propres intérêts qu'à ceux de la chose publique, donnent leur sanction à des ordonnances de marine contraires au droit des gens & préjudiciables aux peuples neutres.

Toutes les puissances doivent réclamer contre de pareils reglemens, & mettre en usage tous les moyens que le droit public autorise pour se prémunir contre la violence & l'injustice. Si de son côté le belligérant, ne se prête point aux voies de conciliation, s'il refuse de réformer ses ordonnances, de les modifier conformément aux règles de modération, & d'équité que la nature prescrit, enfin s'il ne repare les dommages qu'il a occasionnés, il n'y a contre lui d'autre recours que la force & conséquemment la guerre.

On ne doit pas inférer de-là que la manière de juger les prises est injuste. Un souverain peut établir une législation inique sur les actions de ses sujets : il n'en a pas moins le droit de créer des magistrats, de constituer des tribunaux pour juger en conformité des loix qu'il aura dictées. Soutenir que l'érection des tribunaux n'est pas un droit inhérent à la majesté du souverain, parce qu'il peut quelquefois porter une loi injuste, ou nuisible, ce seroit une erreur funeste, & destructive de tous les principes de la société civile.

Ce n'est pas, selon moi, une cause valable de récusation que le soupçon de partialité qu'on objecte contre des juges des prises établis dans le pays où l'esprit de patriotifme, & les vues particulières peuvent favorifer les armateurs. D'abord je peux répondre comme je l'ai déja fait fur le reproche allégué que les tribunaux du belligérant feroient juges & partis. En outre fi cet inconvénient fuffifoit pour exclure un tribunal, il n'y auroit pas de circonftances où l'on ne pût légitimement décliner la jurifdiction d'un magiftrat même dans la vie civile, parce qu'en effet il n'y a pas de cas où les parties en litige ne courent le rifque d'un jugement partial & injufte.

Le confeiller *Galiani* a fuivi en fubftance la doctrine d'Hiibner, mais il a fait diverfes diftinctions auxquelles l'écrivain Danois n'a pas penfé. Il dit que fi l'on fufpecte la fincérité des lettres de mer, ou dû pavillon arboré par le neutre, alors le jugement appartient au fouverain du preneur: mais que fur toute autre conteftation relative à la contrebande ou à la propriété des marchandifes, ou à quelqu'autre violation des loix de la neutralité, le bâtiment pris doit être jugé par fon fouverain. Je tombe d'accord avac lui fur la première propofition, parce qu'elle fait partie de la doctrine que je viens d'expofer, fuivant laquelle le prince belligérant eft juge naturel de toutes les prifes que fes armateurs amènent dans fes ports ou havres pour quelque caufe que ce puiffe être.

Quant à la feconde propofition, *Galiani* diftingue de nouveau le cas de la contrebande, & celui des marchandifes ennemies trouvées à bord du bâtiment neutre. Sur ce dernier cas il

prononce du premier abord que c'eſt une injuſtice criante de ſaiſir les effets de l'ennemi ſur
des bâtimens neutres, & que par conſéquent
une telle priſe évidemment injuſte ne peut-être
ſoumiſe à aucun jugement. Nous avons diſcuté
ailleurs cette queſtion, & nous nous référons
à ce que nous en avons dit. Sur le premier cas
il repète un des argumens d'Hiibner en raiſon-
nant ainſi : ſuivant le droit public la connoiſſance juridique de la contrebande appartient à
celui ſur le territoire duquel la ſaiſie a été faite : mais tout navire en haute mer continue d'être
le territoire du ſouverain au nom duquel ſont
expédiées ſes lettres de mer en forme probante ; donc la connoiſſance juridique appartient
au ſouverain du bâtiment ſaiſi. Nous avons démontré dans un autre endroit la fauſſeté de la
ſeconde propoſition , ou de la mineure de ce
ſyllogiſme. Ainſi nous nous contenterons d'obſerver qu'il n'eſt pas concluant & qu'il ne mérite pas un plus ſérieux examen. L'erreur nous
jette néceſſairement dans des embarras inertri-
cables : en effet *Galiani* s'eſt apperçu lui-même
que ſa théorie donnoit lieu à de grandes diffi-
cultés. Il a eſſayé d'indiquer le moyen le plus
convenable pour y obvier.

La difficulté la plus grave, en ſuivant ſa doctrine , conſiſteroit à regler les formes de l'inſ-
truction. L'armateur belligérant arrête au large
un bâtiment neutre , & l'amène dans un port
de ſa nation. Comment fera le ſouverain du neutre pour prendre connoiſſance de la conteſtation ? Faudra-t-il que les deux parties conſti-

tuent procureur dans les tribunaux du neutre qui aura quelquefois cinq cents lieues de trajet à faire pour l'envoi de fes preuves & moyens de défenfe, ou bien faudra-t-il renvoyer, le bâtiment neutre chez fon fouverain pour qu'il foit jugé fous fes yeux. La première voie feroit d'une longueur énorme, & le bâtiment neutre feroit arrêté affez long-tems pour éprouver des avaries confidérables, & rifquer la perte de fa cargaifon. Ainfi, tout bien calculé, il fera toujours plus avantageux de configner les marchandifes arguées de contrebande, que d'attendre un jugement qui, fût-il favorable au bâtiment arrêté, entraîneroit la ruine du propriétaire. A l'égard du fecond moyen, il en réfulte des défordres fi frappans que *Galiani* ne le propofe même pas. Il indique l'expédient de déleguer la jurifdiction du prince neutre à fon conful établi dans le port où le navire eft amené ; il veut que ce conful ait la faculté de prendre deux affeffeurs intelligens fur l'avis defquels il jugeroit la conteftation. Ainfi, après avoir beaucoup déclamé fur l'incompétence des tribunaux du belligérant qui s'arrogent une jurifdiction fur des étrangers, on veut préfenter comme légitime la jurifdiction ufurpée par le neutre fur l'armateur qui n'eft pas fon fujet, & qu'on oblige de s'en tenir à la fentence d'un juge étranger prononcée fur le territoire de fon fouverain. Ainfi l'on permet que fur ce même territoire le délégué d'une puiffance étrangère exerce un acte d'autorité fouveraine, ce qui eft évidemment contraire aux règles du droit des gens.

Enfin, pour éviter l'abfurdité de conftituer le belligérant juge & partie, on permet au neutre de cumuler ces deux qualités, ce qui eft également abfurde. Malgré les obfervations de *Galiani* fur les différences d'intérêt qu'il apperçoit entre ces deux juges, il nous eft impoffible de nous rendre aux motifs de préférence qu'il donne dans ce conflit au jugement du neutre. Celui-ci n'eft pas exempt du foupçon de partialité ; car fi le belligérant a intéret d'exciter le zèle de fes armateurs par l'efpoir des prifes, le neutre n'a pas moins à cœur d'encourager le commerce & la navigation de fes fujets, en les traitant avec toute forte d'indulgence & de faveur.

Galiani dit ici que fon projet d'attribuer la connoiffance des prifes au conful, affifté de quelques affeffeurs, eft déja en pleine éxécution, fans que le fouverain du territoire où le jugement eft prononcé, fe trouve offenfé ou bleffé dans fon droit de jurifdiction. Il avance que l'Angleterre fait juger à Livourne toutes les queftions relatives aux prifes faites par fes armateurs dans la Méditerrannée : & que le grand-duc de Tofcane n'a éprouvé aucun mécontentement. (*a*) Quand ce fait, dont nous examinerons enfuite la vérité, feroit tel qu'on le rapporte, il ne feroit nullement relatif au projet en queftion, qui confifte à donner au conful de la nation en paix, une jurifdiction dans le territoire de la nation belligérante. Il

______

(*a*) Lib. c. cap. 9. pag. 400.

s'agit ici de la jurifdiction donnée au conful de la nation belligérante pour ftatuer fur la légitimité des prifes dans le territoire du prince paifible & neutre, ce qui eft effentiellement différens de ce que propofe Galiani.

Quoiqu'il en foit, cette réflexion me conduit naturellement à examiner la feconde partie de la queftion propofée ; c'eft-à-dire quelle eft la difpofition du droit des gens, rélativement aux jugemens fur la légitimité des prifes amenées par le preneur de force ou de gré, dans les ports ou havres d'un prince neutre.

Il eft aifé de réfoudre la queftion à l'aide des principes que j'ai ci-devant établis. Un vaiffeau armé en guerre ou en courfe, & reçu comme tel dans le port d'un prince neutre, conferve fon caractère. Celui qui en a le commandement, encore qu'il fe trouve fur le territoire d'autrui, a toujours la même jurifdiction en ce qui concerne le gouvernement du vaiffeau & tous les objets qui en dépendent. Il conferve toute l'autorité qu'il tient du droit des gens & des loix du fouverain qu'il repréfente à la guerre. L'exercice qu'il en fait ne peut bleffer le fouverain du port neutre, qui a confenti à le recevoir comme vaiffeau de guerre.

Ainfi lorfqu'il entre dans le port avec une ou plufieurs prifes faites fur les ennemis ou fur d'autres peuples neutres, en vertu de fon miniftère & du pouvoir que fon fouverain lui a conféré ; le neutre n'a aucun droit de s'ériger en juge de la légitimité de ces prifes.

Dans ce cas les bâtimens amenés par le vaiffeau armé en courfe & fur lefquels il a arboré
fon pavillon, font devenus une dépendance de
fon armement ; ils compofent une flotille dont
la jurifdiction n'appartient qu'à lui feul, de l'a-
veu & par le confentement tacite du prince
neutre. Celui-ci s'eft engagé à ne point s'im-
mifcer aux opérations de la guerre : or c'eft
par une de ces opérations qui lui font inter-
dites, que les prifes litigieufes fe trouvent, fi
non dans le domaine, au moins dans la poffeffion actuelle du corfaire. Le prince neutre doit
donc refpecter cette poffeffion ; il doit abandonner aux juges délégués par le fouverain du
preneur la connoiffance de la légitimité, ou
de l'illégitimité, le jugement de la faifie ou
de la reftitution, pourvu que ce jugement foit
rendu hors de fon territoire, où perfonne ue
peut ufurper des droits effentiellement inhé-
rens à l'autorité fouveraine. Ainfi dans le point
de droit, l'affertion de Galliani eft fauffe ; le
projet qu'il propofe ne pourrait avoir lieu fans
une léfion manifefte des droits fouverains. Cet
auteur fe trompe également fur le fait rélatif
à la pratique du port de Livourne.

Jufqu'à ce que l'ifle de Minorque ait été au
pouvoir des Anglais, les prifes qu'ils ont fait-
tes dans la méditerranée, ont toujours été ju-
gées par l'amirauté de Mahon, ou par celle de
Londres. Il eft pourtant vrai que plufieurs fois
en tems de guerre les amirautés anglaifes ont
établi des commiffaires dans le port de Livourne, pour examiner les affaires des prifes, mais

jamais ces commiſſaires n'ont exercé aucune
juriſdiction, jamais ils n'ont eu le pouvoir ju-
diciaire. Ils avoient une miſſion purement con-
ciliatoire ; ils pouvoient regler amiablement
les conteſtation entre les armateurs & les bâtimens neutres arrêtés & conduits à Livourne,
mais ils ne pouvoient ni juger, ni inſtruire.
C'étoient eux qui à l'arrivée des corſaires avec
la priſe litigieuſe, recevoient les déclarations,
les ſermens & autres preuves propres à établir
que la cargaiſon qualifiée d'ennemie par l'armateur, appartenoit réellement au neutre, &
lorſque les preuves étoient évidentes, ils
avoient ſeulement la faculté de délivrer le priſonnier, en lui permettant de conſigner les
marchandiſes à leurs prépoſés, ſans qu'il fût
obligé de recourir à l'amirauté. Mais quand il
y avoit des doutes ou des ſoupçons ſur la propriété, ils ne pouvoient prononcer, ni la dé-
charge, ni la condamnation, ils devoient envoyer l'affaire devant l'amirauté pour qu'elle
fût jugée définitivement.

Ainſi, ces ſortes de commiſſions ſont avan-
tageuſes & commodes pour les neutres qui ſe
trouvent à portée de prouver la qualité de leur
cargaiſon, ſans être expoſés aux fraix & au retard qu'entraîneroit le recours à un tribunal
étranger, ſouvent éloigné des parties colliti-
geantes; c'eſt pourquoi le gouvernement de
Toſcane a toujours protégé ces établiſſemens,
mais jamais il n'a permis, comme le ſuppoſe
Galliani, l'exercice des juriſdictions étrangères ſur ſon territoire. Il n'a jamais ſouffert que

d'autres tribunaux que les siens jugeassent la validité des prises fondées sur quelqu'infraction aux loix de neutralité promulguée dans ses états. En effet, quiconque veut intenter une action en conformité d'une loi sanctionnée par le souverain du territoire où il se trouve, doit se soumettre à la décision des magistrats que le souverain lui-même a institués pour conserver, protéger & interpréter magistralement ses loix. En outre, comme il s'agit de l'accusation d'un délit, & que l'accusé se trouve sur le territoire du souverain dont ont lui impute d'avoir violé les loix, c'est une regle de droit connue, que les tribunaux du lieu jugent définitivement le délit, quand même il auroit été commencé hors deslimites du territoire(*a*),Dès qu'il y est consommé, dès que l'accusé se trouve présent, il est alors légitimement justiciable du souverain du lieu. Dès ce moment, il ne s'agit plus entre l'accusateur & le coupable supposé que d'un jugement purement civil, il n'est plus question du droit général des nations, mais simplement du droit privé auquel il ne convient pas d'appliquer les regles du droit public. Ainsi, par exemple, l'armateur qui amène une prise dans un port neutre, & qu'on accuse d'avoir violé la neutralité du territoire où il se trouve, allégueroit en vain pour se soustraire à la jurisdiction du lieu, sa qualité d'étranger, & son privilége de capitaine de

navire

____

(*a*) L I , cod. ubi de crimin. agi oportet.

navire armé en guerre. Comme étranger, il n'eft pas exempt de la jurifdiction du lieu du délit. Comme capitaine il jouit, à la vérité, de toute la puiffance militaire à bord de fon bâtiment; mais il n'en eft pas moins fujet à la jurifdiction territoriale dans tous les actes qui font contraires aux loix du territoire où il fe trouve.

Il y a encore un autre cas où le fouverain du port neutre pourroit légitimement exercer fa jurifdiction fur un armateur qui entreroit avec des prifes neutres ou ennemies. Ce feroit le cas où un prifonnier individuellement, ou par le miniftère de fon procureur fpécial, auroit recours à l'autorité fouveraine, contre un écumeur de mer, mafqué fous le pavillon d'une puiffance belligérante, ou accufé d'actes d'hoftilité fans pouvoir légitime & fans lettre de marque.

Il eft clair que dans ces deux cas, il y auroit fufpenfion néceffaire des égards dus aux puiffances belligérantes & à leurs armateurs en conféquence de la neutralité convenue : l'accufé ne pourroit s'en prévaloir qu'après avoir prouvé fa qualité, qu'après avoir établi fa juftification.

(*a*) On appelle lieu du délit l'endroit où il a commencé, celui où il continue, & celui où il fe confomme. V. *Henric. Cocc.* dans la differtation citée *de fund. in territ. & plur. loc. concur.* Pot. titre 4, §. 19.

Ire. Partie.   K

La connoiſſance de l'état & du pouvoir du prétendu armateur appartiendroit excluſivement au ſouverain du port. Le ſouverain étant obligé de garantir de toute eſpèce de léſion les perſonnes qui ſe trouvent dans ſon territoire ; & de punir tous les délits commencés continués, ou conſommés dans l'étendue de ſa juriſdiction, il faut néceſſairement qu'il jouiſſe de tous les droits ſans leſquels il ne pourroit remplir cette obligation de la ſouveraineté. L'exercice de ces droits ne ſauroit être arrêté ſous le prétexte de la neutralité convenue, puiſqu'elle regarde uniquement les puiſſances belligérantes & leurs officiers légitimes, & nullement les pirates ou les écumeurs de mer dont le pouvoir uſurpé n'eſt qu'un brigandage odieux. (*a*)

Ainſi, lorſque dans des cas ſemblables, le ſouverain du port ſe contente d'avertir le conſul de la nation belligérante, pour qu'il examine rigoureuſement les papiers du prétendu

---

(*a*) Bynkershoek *Quæſt. jur. publ.* ch. 15, p. 191, dit que dans le traité de paix entre les états-généraux de la Hollande & l'Angleterre, du 14 Septembre 1662, art. 12. Il fut convenu que l'ennemſ de l'une ou de l'autre partie ne pourroient vendre les priſes dans le port de l'ami, & que s'il les vendoit, elles ſeroient reſtituées ſans bourſe délier à l'ancien propriétaire; mais il ajoute judicieuſement que c'eſt une convention particulière, qui dépend de la volonté des contractans & qui n'eſt nullement fondée ſur le droit général des nations.

armateur; c'eſt un acte de pure déférence & de confiance, parce qu'il ne ſuppoſe pas que le conſul, ou l'amirauté qui prendra connoiſfance des faits, veuille favoriſer la fraude & la piraterie.

Fin de la premiere partie.

TABLE
DES
MATIERES

Contenues dans le préfent Traité.

PREMIERE PARTIE.

TABLE.